왜
에도 막부가
시작되었을까?

교과서 속 역사 이야기, 법정에 서다

31
역사공화국
세계사법정

도요토미 히데요시
vs 도쿠가와 이에야스

왜 에도 막부가 시작되었을까?

글 박은화 · 그림 황기홍

|주|자음과모음

일본인이 존경하는 역사적 인물로는 겐무 신정의 고다이고 천황, 명장 아시카가 다카우지, 천하를 평정한 오다 노부나가, 일본을 통일한 도요토미 히데요시 등 다양한 인물들이 있습니다. 그런데 이 인물들 가운데 우리나라 사람들이 제대로 알고 있는 인물은 별로 없습니다. 심지어 처음 들어 보는 이름도 있을 것입니다.

일본은 거리상 우리나라와 가까울 뿐만 아니라 역사적으로도 밀접한 관계를 맺고 있지만 우리나라 사람들은 일본 역사와 역사적 인물에 관심이 없습니다. 그 이유는 우리나라가 일본의 식민지였다는 점, 그리고 우리나라 교육에서 일본의 역사를 소홀히 다룬다는 점 때문일 것입니다.

하지만 우리나라와 일본은 과거부터 지금까지, 우리가 의도했건

의도하지 않았건 간에 밀접한 관계를 맺으며 살아 왔습니다. 이런 점을 생각해 보았을 때 일본 역사를 안다는 것은 더 이상 미룰 수 없는 과제라 할 수 있습니다.

문제는 어디서부터 어떻게 일본의 역사를 알아보는가 하는 점입니다. 일본은 우리나라와는 달리 무사들의 역할이 굉장히 중요했습니다. 이는 일본에만 존재했던 막부 정치 때문으로, 일본의 역사 흐름을 이해하기 위해서는 이에 대한 이해가 필수적이지요.

이 책에서 원고로 나오는 도요토미 히데요시와 피고로 나오는 도쿠가와 이에야스는 일본 역사상 가장 유명한 무사들입니다. 이 두 사람은 최고 권력 획득이라는 같은 목적을 지닌 채 때로는 동료로 때로는 라이벌로 지내면서 평생 긴밀한 관계를 맺었습니다.

오다 노부나가가 일본을 지배할 때는 두 사람 모두 오다 노부나가의 힘에 눌려 최고 권력자로 나서지 못했지만, 오다 노부나가가 죽고 난 뒤에는 도요토미 히데요시가 실권을 장악했습니다. 도요토미 히데요시가 죽은 후에는 도쿠가와 이에야스가 권력을 장악했고, 오다 노부나가와 도요토미 히데요시도 오르지 못한 쇼군이 되면서 에도 막부를 수립하였지요.

이렇듯 서로의 입장과 상황이 다른 두 사람의 재판을 다루게 된 것은, 두 사람에 대해 알고 두 사람이 살았던 시대를 살펴보는 것이 일본 역사를 이해하는 지름길이라고 생각했기 때문입니다. 어느 나라보다도 무사의 역할과 영향력이 컸던 일본의 역사를, 일본을 대표하는 두 무사 도요토미 히데요시와 도쿠가와 이에야스를 통해 알게 된다면 이해의 폭도 넓어질 것입니다.

　지금부터 두 사람의 이야기에 귀를 기울이고 누구의 주장이 더 타당한지 판단하면서 일본의 역사를 이해하는 새로운 재미를 찾아봅시다.

　　　　　　　　　　　　　　　　　　　　　　　박은화

차례

일본에서는 10세기 무렵부터 지방 영주들의 세력이 강화되었다. 영주들은 많은 토지를 가지고 농민을 지배하며 실질적인 권력을 누렸고 무사들을 고용하였다.
영주들 가운데 세력이 강한 자가 무사 정권을 세워 일본을 통치하였는데, 이것이 막부 정치다.

중학교	역사	IX. 교류의 확대와 전통 사회의 발전 3. 명·청과 동아시아 전통 사회의 발전 (2) 무사가 일본을 지배하다

일본을 통일한 도요토미 히데요시는 16세기 말에 조선을 침략하는데, 이것이 바로 '임진왜란'이다. 이 전쟁으로 우리나라와 일본은 큰 변화를 겪게 된다. 이후 일본에서는 도쿠가와 이에야스가 에도(도쿄)에 막부 정권을 수립하였다.

14세기 전반에 아시카가 다카우지가 가마쿠라 막부를 타도하고 무로마치 막부를 열었다. 하지만 15세기 후반에 무로마치 막부의 지배력이 크게 약화되고 무사들이 다투는 전국 시대가 전개되었다.

| 고등학교 | 세계사 | V. 지역 세계의 팽창과 세계적 교역망의 형성
1. 동아시아 사회의 발전과 한계
  (4) 동아시아의 나라들 |

전국을 통일한 도요토미 히데요시는 조선을 침공하였으나 실패하게 된다. 그가 죽은 뒤 권력을 장악한 도쿠가와 이에야스는 에도에서 막부를 열고 무사, 농민, 수공업자, 상인으로 신분을 구분하여 지배하였다.

1192년	미나모토노 요리토모, 가마쿠라 막부 세움
1206년	칭기즈칸, 몽골 통일
1338년	일본, 무로마치 막부 등장
1368년	중국, 원 멸망, 명 건국
1467년	'오닌의 난'으로 전국 시대 시작
1534년	오다 노부나가 출생
1537년	도요토미 히데요시 출생
1543년	도쿠가와 이에야스 출생
1590년	도요토미 히데요시, 일본 통일
1592년	임진왜란
1598년	도요토미 히데요시 사망
1603년	도쿠가와 이에야스, 에도 막부 세움
1616년	도쿠가와 이에야스 사망

한국사 연표

1135년	묘청, 서경 천도 운동
1170년	무신의 난
1196년	최충헌 집권
1231년	몽골의 제1차 침입
1359년	홍건적의 침입
1392년	이성계, 조선 건국
1394년	한양 천도
1416년	4군 설치
1434년	6진 설치
1510년	삼포 왜란
1592년	임진왜란, 한산도 대첩
1593년	행주 대첩
1627년	병자호란

원고 **도요토미 히데요시**

나는 일본의 무장이자 정치가였소. 혼란스러운 전국 시대를 끝내고 누구보다도 일본의 평화와 안정을 위해 애썼지요. 그런 내게 거짓으로 충성을 맹세하고 내 아들을 죽음으로 몰고 간 도쿠가와 이에야스를 절대 용서할 수 없소이다. 이 재판을 통해 왜곡된 역사를 바로잡고 억울함을 풀고야 말겠소.

원고 측 변호사 **김딴지**

피고 도쿠가와 이에야스는 무사로서의 의리를 저버리고 원고를 배신한 것도 모자라 그의 아들까지 죽게 한 파렴치한입니다. 재판을 통해 그에게 역사적 심판을 받게 하겠습니다.

원고 측 증인 **아시카가 요시미쓰**

무로마치 막부의 3대 쇼군으로, 다이묘들을 효율적으로 다스려 무로마치 막부의 안정을 가져왔다고 평가받고 있지요. 이번 재판에서는 일본 역사에 대해 잘 아는 것이 중요하기 때문에 이에 대해 상세히 설명해 드리겠습니다.

원고 측 증인 오다 노부나가

나는 도요토미 히데요시와 도쿠가와 이에야스를 거느렸으며, 전국 시대를 대표하는 무사로 인정받고 있지요. 통일을 눈앞에 두고 부하에게 암살당하는 바람에 뜻을 이루지 못했소. 원고와 피고 모두 내가 이룬 업적에 상당 부분 기대고 있다고 생각합니다.

원고 측 증인 이시다 미쓰나리

나는 도요토미 히데요시의 부하로 의리와 신념을 가지고 그를 따랐습니다. 그가 죽은 후 그의 아들 도요토미 히데요리를 섬겨야 한다는 생각에 도요토미 파를 이끌었으나, 도쿠가와 이에야스와의 대결에서 패하면서 죽고 말았지요.

원고 측 증인 도요토미 히데요리

도요토미 히데요시의 아들입니다. 여섯 살 때 아버지가 돌아가셔서 그 뒤를 이어 일본의 정권을 책임지는 막중한 임무를 맡게 되었죠. 하지만 결국 악랄한 도쿠가와 이에야스에게 속아 죽고 말았습니다.

피고 도쿠가와 이에야스

나는 전국 시대에는 다이묘였고, 오다 노부나가가 죽은 후 도요토미 히데요시가 집권할 동안 2인자 자리에 머물러 있었죠. 하지만 그가 죽은 뒤에는 혼란한 일본 정치를 안정시키고 에도 막부를 세워 쇼군 자리에 올랐어요.

피고 측 변호사 이대로

피고는 쇼군에 오르기 위해 40년을 기다린 사람입니다. 이러한 그의 신중함과 끈질긴 성격을 보고 저도 매우 놀랐지요. 이번 재판은 한 개인의 관점에서 판단할 것이 아니라 일본이라는 한 나라의 역사적 관점에서 판단되어야 할 것입니다.

피고 측 증인 아시카가 요시마사

나는 무로마치 막부의 8대 쇼군이었습니다. 하지만 쇼군의 계승 문제와 오닌의 난 등으로 나라가 혼란스러워져 결국 전국 시대가 시작되는 계기를 제공하고 말았지요.

피고 측 증인 도요토미 히데쓰구

나는 도요토미 히데요시의 조카로, 아들이 없던 그의
양아들이 되어 그의 뒤를 이을 예정이었습니다. 하지만
친아들 도요토미 히데요리가 태어난 후 도요토미 히데
요시의 음모에 빠져 쫓겨났고 결국 죽게 되었지요.

피고 측 증인 이순신

임진왜란 당시 조선 수군의 승리를 이끈 장군입니다.
일본 역사와 관련된 재판이지만 저는 제삼자의 입장
에서 임진왜란을 둘러싼 여러 가지 시각에 대해 증언
하겠습니다.

피고 측 증인 가토 기요마사

원래 도요토미 히데요시의 부하였으나 그가 죽은 후
도쿠가와 이에야스의 편에 서게 되었습니다. 어린 도
요토미 히데요리보다는 도쿠가와 이에야스가 일본
을 위해 더 나은 지도자라고 생각했기 때문이지요.

피고 측 증인 도쿠가와 이에미쓰

도쿠가와 이에야스의 손자로 에도 막부의 3대 쇼군
이었습니다. 할아버지가 에도 막부의 초석을 훌륭히
세워 주신 덕분에 제가 안정되게 에도 막부를 이끌
수 있었습니다.

"일본의 역사를 밝히는 재판이 될 것이오!"

휴식 없이 계속된 재판 때문에 지칠 대로 지친 김딴지 변호사는 사무실에 널브러져 있었다. 그가 당분간 어떤 재판도 맡지 않겠다고 다짐하고 있을 때 사무실 문이 열리며 누군가 들어왔다.

고개를 든 김딴지 변호사는 깜짝 놀랐다. 일본의 유명한 무사인 도요토미 히데요시가 서 있었기 때문이다.

"여기까지 어쩐 일이십니까?"

도요토미 히데요시는 강렬한 눈빛으로 말했다.

"김 변호사님께 사건을 의뢰하러 왔습니다."

"네? 제게 변호를 맡기시겠다고요?"

김딴지 변호사는 '사건 의뢰'라는 말에 의아한 표정이 되었다. 일본을 통일한 도요토미 히데요시가 도대체 왜 재판을 하겠다는 것인지 이해가 되지 않았기 때문이다.

"재판을 통해 나의 억울함을 풀고 정당한 보상을 받기로 결심했소이다."

"일본을 통일한 분이 억울한 일이 있다고요? 대체 누구 때문에요?"

도요토미 히데요시는 단호한 표정으로 대답했다.

"도쿠가와 이에야스입니다."

김딴지 변호사는 놀라 할 말을 잃고 도요토미 히데요시를 바라보았다. 도요토미 히데요시가 도쿠가와 이에야스를 고소하겠다니…… 두 사람 모두 일본인이라면 누구나 알고 있는 영웅이자 일본 무사의 상징과도 같은 인물이 아닌가. 김딴지 변호사는 혼란한 머리를 수습하려 애쓰며 대답했다.

"저는 그런 큰 재판을 맡을 능력이 없는 사람입니다. 당분간 사건을 맡지 않기로 결심하기도 했고요."

"힘든 재판이란 것은 알고 있습니다. 개인적 차원이 아니라 일본 역사의 관점에서 재판이 진행되겠지요. 그래서 더더욱 김 변호사님이 이 재판을 맡아 주셨으면 좋겠습니다."

도요토미 히데요시는 준비해 온 서류를 김딴지 변호사에게 내밀며 자신의 주장을 펼쳐 나갔다.

"도쿠가와 이에야스는 무사로서의 의리와 충성을 저버리고 자신의 사욕을 좇아 에도 막부를 세웠습니다. 그를 위해 내 아들을 죽음으로 내몰았고 그것도 모자라 저에 대해 거짓말까지 퍼트려 제 명예를 실추시켰습니다. 이 모든 억울함을 이번 재판을 통해 꼭 풀겠습

니다."

　김딴지 변호사는 도요토미 히데요시의 주장을 들으며 휴가가 점
차 사라지는 것을 느꼈다.

　"하지만 이 재판은 의욕만으로 할 수 있는 것이 아닙니다. 말씀하
신 대로 이 재판은 일본 역사의 관점에서 진행되어야 하는데, 저는
일본 역사에 대해 잘 알지 못합니다."

　거듭된 거절에도 도요토미 히데요시는 물러서지 않는 태도로 말
했다.

　　　왜 에도 막부가 시작되었을까?

“상관없어요. 아니, 오히려 어떤 편견도 없다는 점에서 역시 김 변호사님이 적격자입니다.”

김딴지 변호사는 어떤 이유를 대도 도요토미 히데요시를 설득할 수 없다는 것을 깨달았다. 그리고 그의 간절함이 느껴지며 자신도 모르게 이 사건에 마음이 움직이기 시작했다.

“알겠습니다. 많이 부족하겠지만 제가 사건을 맡겠습니다.”

“정말 감사합니다!”

도요토미 히데요시는 김딴지 변호사의 손을 꼭 잡고 고마움을 전했다. 도요토미 히데요시가 돌아간 후 김딴지 변호사는 다시 머릿속이 복잡해졌다. 휴가를 결심한 찰나에 갑자기 맡게 된 사건이기도 했고, 일본의 역사를 논할 때 결코 빠뜨릴 수 없는 두 인물이 관련된 재판이라는 점이 새삼 그의 어깨를 짓눌렀다.

“고민하지 말자! 재판을 맡았으니 이제 준비하는 일밖에 없어!”

김딴지 변호사는 바로 재판 준비에 들어갔다. 방금 전까지 무거운 생각들로 가득했지만, 이내 승소를 위한 계획들이 떠올랐다.

막부 시대

막부는 1192년, 미나모토노 요리토모가 전국을 장악한 뒤 가마쿠라에 자신의 정부인 막부를 세운 것에서 시작됩니다. 미나모토노 요리토모가 쇼군이 된 뒤 쇼군은 막부에서 행정권과 사법권을 모두 행사하게 되지요.

세월이 흘러 가마쿠라 막부는 막을 내리고, 아시카가 다카우지란 쇼군이 나타나 교토에 막부를 세우게 되지요. 이것이 무로마치 막부입니다. 이때 막부의 장악력이 약해지고 '다이묘'가 등장합니다. 다이묘는 쇼군의 부하로 지방을 다스리는 지방 관리였는데 이들의 힘이 커지면서 쇼군의 힘은 상대적으로 약해졌습니다.

1573년에 무로마치 막부가 막을 내린 뒤 다이묘들이 서로 힘을 겨루는 시기가 수십 년간 지속됩니다. 이윽고 오다 노부나가 휘하에 있던 도요토미 히데요시가 일본을 통일하지만, 그는 내부적으로 다이묘들을 완벽하게 제압하지 못했고 국외적으로는 임진왜란까지 실패하게 됩니다.

결국 도요토미 히데요시가 죽고, 일본의 마지막 막부인 에도 막부가 등장합니다. 에도 막부는 19세기까지 일본을 통치하며 일본에 많은 영향을 미치게 됩니다. 하지만 19세기에 들어 막부의 전제 정치를 비판하는 개혁 여론이 높아지자, 에도 막부 제15대 쇼군인 도쿠가와 요시노부는 천황에게 국가 통치권을 돌려주라는 압박을 받게 됩니다. 그리하여 1867년 천황에게 통치권을 돌려주게 되지요.

이렇게 막부를 타도하려고 동맹을 맺은 반(反)막부 체제 세력들은 다이쇼 봉환에 성공했고, 도쿠가와 막부는 결국 붕괴하고 말았습니다.

에도 막부 말기, 막부의 쇼군 도쿠가와 요시노부가 천황에게 국가 통치권을 돌려준 다이쇼 봉환

원고 | 도요토미 히데요시	대리인 | 김딴지 변호사
피고 | 도쿠가와 이에야스	대리인 | 이대로 변호사

청구 내용

나 도요토미 히데요시는 가난한 농민의 집안에서 태어났지만, 전국 시대 최고의 무사였던 오다 노부나가를 만나면서 무사로서의 삶을 살게 되었습니다. 하지만 오다 노부나가는 일본의 통일을 눈앞에 두고 죽고 말았고, 제가 어지러운 상황을 정리하고 일본을 통일했습니다.

저는 일본의 안정을 위해 여러 정책을 만들고 실천에 옮겼습니다. 하지만 저는 정치적 이상을 다 실현하기도 전에 죽음을 맞이하게 되었지요. 당시 제 뒤를 이을 아들은 여섯 살에 불과했습니다. 불안했던 저는 죽기 전에 대표 무사들에게 아들에 대한 충성을 약속받았습니다. 도쿠가와 이에야스도 그때 충성을 맹세했지요.

하지만 제가 죽자 도쿠가와 이에야스는 저와 한 모든 약속을 깨고 저를 지지하던 무사들까지 죽인 뒤, 에도 막부를 세우고 새로운 지도자가 되었습니다. 아무 잘못도 없는 제 아들까지 죽게 했고요.

이렇게 무사로서 부끄러운 행동을 하고도 도쿠가와 이에야스는 에도 막부 시대에 일본 사회가 발전했다는 이유를 내세워 자신의 잘못을 정당화하고 있습니다. 하지만 제가 일본의 혼란했던 전국 시대를 정리해 주지 않았다면 에도 막부의 발전도 없었습니다. 그럼에도 불구하고 도쿠가와 이에야스와 그 후손들은 에도 막부라는 권력을 이용해서 저를 무능하고 전쟁만 좋아하는 사람으로 만들었습니다.

이에 저는 재판을 통해 저와 도쿠가와 이에야스에 대한 오해를 바로잡고, 도쿠가와 이에야스가 행한 파렴치한 배신과 위선에 찬 행동을 널리 알리고자 합니다. 재판을 통해 그간 쌓인 저의 억울함이 풀리고 제 가족들이 받은 고통에 대한 피해 보상이 이루어질 수 있기를 희망합니다.

입증 자료

- 중학교 역사 교과서
- 고등학교 세계사 교과서
  그 외 자료 추후 제출하겠음.

위 청구인 도요토미 히데요시
역사공화국 세계사법정 담당 판사 귀하

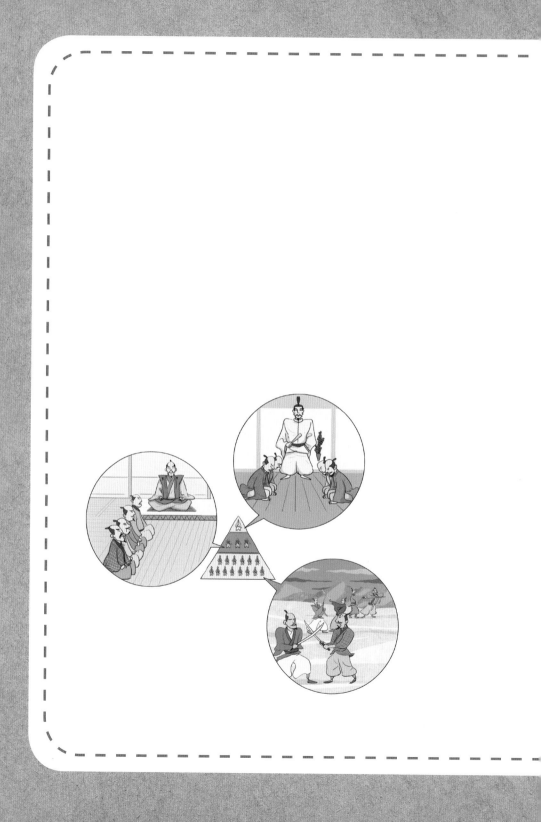

막부 정치란 무엇일까?

1. 막부는 어떤 정치 형태였을까?
2. 전국 시대는 어떻게 시작되었을까?
3. 오다 노부나가는 왜 통일을 이루지 못했을까?

교과 연계

역사
IX. 교류의 확대와 전통 사회의 발전
  3. 명·청과 동아시아 전통 사회의 발전
    (2) 무사가 일본을 지배하다

1

막부는 어떤 정치 형태였을까?

도요토미 히데요시와 도쿠가와 이에야스의 첫 번째 재판이 열리는 날, 법정은 일본의 무사들뿐만 아니라 세계 각국에서 모인 유명 인사들로 가득 찼다.

"아니, 일본 사람도 아닌 사람들이 왜 이렇게 많이 왔지?"

"한 나라의 정치와 군사의 절정에 서 있던 사람들이었으니까 다들 관심이 많은가 봐."

방청객들은 삼삼오오 모여 판결의 우위를 점쳐 보았다. 이윽고 판사가 들어서자 소란하던 법정이 잠잠해졌다.

판사   원고 도요토미 히데요시와 피고 도쿠가와 이에야스의 재판을 시작하겠습니다. 먼저 원고 측부터 말씀해 주시기 바랍니다.

김딴지 변호사　　존경하는 판사님과 배심원 여러분! 원고 도요토미 히데요시와 피고 도쿠가와 이에야스는 어려운 시대를 함께했던 무사였습니다. 그러나 한 하늘에 두 개의 태양은 없는 법! 두 사람은 최고가 되기 위해 전쟁을 벌였고 결국 승리한 원고가 권력을 차지했습니다. 비록 피고가 지긴 했지만 원고는 피고를 죽이지 않았을뿐더러 그가 통치하던 지역에서의 권위 또한 인정해 주었습니다. 이런 원고의 등 뒤에서 칼을 갈다가 배신을 한 사람이 바로 피고 도쿠가와 이에야스입니다. 무사로서의 의리도 모르는 비열한 인간인 거죠.

　　그때 이대로 변호사가 자리를 박차고 일어섰다.

이대로 변호사　　이의 있습니다. 원고 측 변호인은 아직 밝혀지지 않은 부분을 마치 사실인 것처럼 얘기하고 있습니다.

판사　　인정합니다. 원고 측 변호인은 주의해 주십시오.

　　이대로 변호사가 자리에 앉자 김딴지 변호사는 아무 일도 없었다는 듯 말을 이었다.

김딴지 변호사　　원고에게 밀려 2인자의 자리에 머문 피고는 겉으로는 원고에게 충성을 맹세했지만 속으로는 호시탐탐 최고 권력자가될 기회를 노렸습니다. 그리고 마침내 원고가 죽자 그와 했던 모든 약속을 깨고 최고 권력자가 되었지요.

교과서에는

▶ 1590년 도요토미 히데요
시는 일본을 통일한 다음 조
선을 침공하였으나 실패하
게 됩니다. 이것이 바로 '임
진왜란'이지요. 그의 사후에
도쿠가와 이에야스가 권력
을 장악하여 지금의 도쿄인
에도에 막부를 열게 됩니다.
바로 1603년의 일이지요.

그는 최고 권력자가 되어서도 원고의 아들의 존재를 불
안해한 나머지 결국 거짓말로 속여 자결하게 만들었습니
다. 여기에서 그치지 않고 원고에 대한 거짓말을 퍼뜨려
마치 원고가 능력 없는 ▶전쟁광인 것처럼 묘사하였지요.

이 모든 역사 왜곡은 에도 막부가 성립되면서 생긴 것으
로, 에도 막부의 성립은 그 자체로 원고가 세운 업적과 명
예를 무너뜨린 사건입니다.

판사   원고는 추가 발언을 하시겠습니까?

　　방청객들의 시선이 일제히 도요토미 히데요시를 향했다. 도요토미 히데요시가 자리에서 일어났다.

도요토미 히데요시　　도쿠가와 이에야스는 저에게 충성을 맹세했습니다. 그래서 전 그에게 높은 관직과 넓은 땅을 주었죠. 무사의 맹세는 목숨과도 같은 것이었기에 저는 도쿠가와 이에야스를 믿었습니다. 그래서 죽어 가면서도 그에게 제 아들을 지켜 줄 것과 충성해 줄 것을 부탁했죠. 그는 제 부탁을 들어주겠다고 약속했고요.

에도 막부
일본의 도쿠가와 이에야스가 1603년에 지금의 도쿄인 에도에 수립한 무가 정권으로 도쿠가와 막부라고도 합니다. 막부란 1192년에서 1867년까지 일본을 통치한 쇼군의 정부로, 천황은 상징적 존재가 되고 쇼군이 실질적인 통치권을 가졌습니다.

오사카 성

일본 오사카에 있는 성으로 1583년 도요토미 히데요시가 세웠습니다.

하지만 제가 죽자 도쿠가와 이에야스는 돌변해서 저를 지지하던 사람들을 자기편으로 끌어들이거나 죽였고 자신이 최고 권력자의 자리에 올랐습니다. 그것도 모자라 제 아들을 제가 지은 오사카 성에서 자결하게 만들었습니다. 약속과 신의를 저버리는 것은 무사로서 생명을 버리는 것과 마찬가지임에도 불구하고 도쿠가와 이에야스는 배신을 선택했습니다. 결국 저희 집안은 대가 끊겼고 전 역사에서 씻을 수 없는 오명을 덮어쓰게 되었지요.

판사 잘 들었습니다. 피고 측 변호인은 반론해 주십시오.

이대로 변호사 원고 측 변호인과 원고의 발언은 모두 원고 측 시각에서 해석된 것들입니다. 피고가 원고에게 충성을 맹세했던 건 사실이지만, 그건 피고가 힘이 없어서 그랬던 게 아니었습니다. 피고는 그 싸움이 계속된다면 일본이 전쟁의 소용돌이에 빠질 것이라 판단했기에 일단 충성을 맹세하고 때를 기다렸던 겁니다.

만약 그 후에 원고가 일본을 잘 통치했다면 피고는 약속을 지켜 원고에게 충성을 다했을 것입니다. 하지만 원고가 죽자 일본은 더 큰 혼란에 빠질 상황이 되었고, 이에 피고가 혼란을 막고자 최고 권력자의 자리에 오르게 된 것입니다. 무조건 힘으로 밀어붙이기보다는 때를 기다리고 희생을 줄이는 방법으로 지도자가 된 것이지요.

그 과정에서 원고의 아들이 죽은 건 무척 안타까운 일이 아닐 수 없습니다. 하지만 당시 일본 사회는 힘이 지배하는 곳이었고, 패배자 스스로 죽음을 택한 건 어쩔 수 없는 일이었어요. 그런 일을 두고 손해 배상이라니요? 이건 억지입니다.

듣고 보니 그도 그럴듯한지라 고개를 끄덕이는 이도 있고, 말하기 나름이라는 둥 웅성거리는 사람들도 있었다.

판사   아직 피고 측 변호인의 반론이 끝나지 않았습니다. 모두 조용히 해 주십시오.

이대로 변호사   감사합니다, 판사님. 그럼 원고 측이 제기한 명예 훼손에 대해 반론하겠습니다.

에도 막부의 성립은 피고가 원고와 한 약속을 깨고자 한 것이 아니었습니다. 새로운 정치 체제가 필요한 시대였고, 피고는 자신의 능력을 발휘해 그 요구에 응한 것뿐이었지요.

에도 막부 시대에 원고에 대해 좋지 않은 소문이 있었던 것은 사실입니다. 하지만 그건 피고가 퍼뜨린 것이 아닙니다. 보통 사람들이 패자보다 승자의 장점을 더 기억하기 마련이다 보니 결국 원고에 대해 안 좋은 얘기가 퍼지게 된 것입니다.

그럼에도 불구하고 원고 측은 에도 막부의 성립 자체가 잘못된 것이고 그것이 원고에 대한 명예 훼손인 것처럼 이야기하고 있습니다. 이는 논리적으로 맞지 않는 억측이므로 피고의 명예 훼손죄는 성립되지 않습니다.

판사   잘 들었습니다. 피고는 원고 측 주장에 대한 입장을 얘기해 주십시오.

쇼군은 여러 막부 시대를 거쳐 700년간 지속되었으나 메이지 유신으로 폐지되었습니다.

쇼군
일본의 무신 정권인 막부의 수장을 가리키는 칭호입니다. 1192년에 가마쿠라 막부의 수장이 이 호칭을 사용하였지요.

도쿠가와 이에야스　　먼저 이런 재판에 서게 되어 많은 분들께 송구스럽습니다. 저는 무사 집안에서 태어나 무사로 한평생을 산 무인입니다. 그런 제가 무사로서 충성과 믿음을 저버렸다는 혐의로 명예 훼손과 손해 배상 소송을 당하다니 슬픈 일입니다.

　그런데 왜 무사에게 충성과 믿음이 중요한 것일까요? 그건 나라의 안정과 백성의 편안한 삶을 지켜 주기 위해서입니다. 제가 도요토미 히데요시가 죽은 뒤 그 아들을 몰아내고 막부를 세워 **쇼군**의 자리에 오른 건 일본을 위해서였습니다. 당시 도요토미 히데요시의 아들은 여섯 살이었는데, 그런 어린아이가 지도자가 된다면 일본은 다시 혼란 속에 빠져들 것이 뻔했습니다. 저는 죽는 순간까지 일본의 안정을 위해 노력했습니다. 저의 이런 노력에 대해 정당한 판결이 내려지기를 희망합니다.

　이때 판사가 고개를 갸웃거리며 말했다.

판사　　당시 일본의 무사들이 그렇게 대단한 존재였나요? 제가 생각하는 장군이나 군인과는 좀 다르게 느껴지는군요.
김딴지 변호사　　▶일본의 막부 정치는 다른 나라에서는 볼 수 없는 독특한 정치 형태로, 왕보다 무사가 더 큰 권력을 휘둘렀습니다.

판사   흠, 잘 이해되지 않는군요.

김딴지 변호사   판사님뿐만 아니라 막부 정치 형태는 일본인이 아니라면 이해하기 힘든 독특한 정치 구조입니다. 이에 막부 정치를 소개해 줄 사람으로 무로마치 막부의 3대 쇼군이었던 아시카가 요시미쓰를 증인으로 신청합니다.

판사   좋습니다. 증인은 나와서 선서해 주십시오.

　기웃거리는 방청객들을 뒤로하며, 아시카가 요시미쓰가 증인석에 올라 선서했다.

김딴지 변호사   막부 정치에 대해 설명해 주시길 부탁드립니다.

아시카가 요시미쓰   막부란 왕이 아닌 무사, 즉 군인들이 나라를 통치하는 정치 형태입니다. 미나모토노 요리토모에 의해 시작되어 1868년 메이지 유신이 발표되기까지 800년 가까이 유지된 일본의 독특한 정치 체제입니다.

　원래 일본에서 무사는 힘이 강한 세력이 아니었습니다. 그런데 ▶▶왕족 간 다툼과 왕족과 귀족 간의 다툼이 잦아지면서 이들에 대한 백성들의 믿음이 사라져 가자, 왕과 귀족의 힘은 점차 약화되었고 무사의 힘은 점점 더 중요해졌습니다. ▶▶▶결국 무사가 정치를 장악하게 되었는데요,

교과서에는

▶ 일본의 다이묘들 가운데 특히 세력이 강한 자들이 무사 정권을 세워 일본을 통치하였습니다.

▶▶ 일본의 다이묘들은 다른 지역의 다이묘들과 싸워 이기기 위해 무사 세력을 키웁니다. 다이묘는 무사에게 토지를 주고, 무사들은 다이묘에게 충성을 다하였지요.

▶▶▶ 12세기 말 미나모토노 요리토모가 귀족 세력을 제압하고 가마쿠라 막부를 세워 일본 최초의 무가 정권이 탄생하였습니다.

그 사람이 바로 미나모토노 요리토모입니다.

김딴지 변호사　　미나모토노 요리토모가 왕이 되었나요?

아시카가 요시미쓰　　아닙니다. 일본의 막부는, 왕이 존재하지만 정치는 왕이 아닌 무사가 하는 독특한 정치 형태입니다.

김딴지 변호사　　왕이 있는데 무사가 정치를 한다고요?

아시카가 요시미쓰　　그렇습니다. 일본의 왕은 하늘에서 내려온 황제라는 뜻의 '천황'으로 불리며 마치 신처럼 여겨졌기 때문에 미나모토노 요리토모는 왕을 죽이지 않고 그 지위를 유지하도록 해 주었습니다. 대신 정치에는 간섭하지 못하게 하고 자신이 다른 무사들을 이끌고 정치를 했죠. ▶왕이 존재하지만 정치는 무사들이 담당하는 무사 정치는 이렇게 시작됐습니다.

김딴지 변호사 그럼 왕은 무엇을 했습니까?

아시카가 요시미쓰 왕은 상징적인 존재에 불과할 뿐 정치에 있어서는 허수아비였지요. 왕 중에는 무사를 몰아내고 직접 정치를 하려 했던 사람도 있었습니다. 하지만 힘을 장악한 무사들을 몰아내는 게 쉽지 않았기에 막부 정치가 800년 가까이 이어진 것이지요. 일본의 막부는 무사들의 대장인 쇼군이 중심이 되어 돌아가는 체제였습니다.

김딴지 변호사 정말 독특한 정치 형태군요.

아시카가 요시미쓰 이런 정치 형태가 일본에만 있었던 건 아닙니다. ▶▶옛날 고려의 무신 정권도 일본의 막부와 비슷했습니다. 실제 정치는 무신들이 했고 왕은 이름뿐이었죠. 차이점은, 고려 무신 정권이 100년간 유지되다가 무너진 데 비해 일본의 막부는 800년 가까이 유지되다 보니 일본 특유의 정치 형태로 자리 잡았다는 것입니다.

김딴지 변호사 고려의 사례만 보더라도 무사들이 오랜 세월 정치를 한다는 게 쉽지 않은 일인데요, 그럼에도 일본의 막부 정치가 800년 가까이 유지될 수 있었던 이유는 무엇이라고 생각하십니까?

아시카가 요시미쓰 무사들이 세운 정권은 항상 불안함을 안고 있습니다. 힘으로 정권을 장악했으니 자신보다 힘이 센 무사가 등장하면 언제든지 무너질 수 있는 것이죠. 그

교과서에는

▶ 막부의 우두머리인 쇼군은 국왕을 대신하여 각 지방의 무사들을 지배함으로써 일본을 실질적으로 통치하는 힘을 가졌습니다.

▶▶ 고려의 정중부, 이의방 등의 무신들이 1170년 정변을 일으켜 정권을 독점하였습니다. 국왕은 있었으나 무신 집권자가 국가의 중요한 정책을 좌우하였지요.

래서 중요한 것은 다른 무사들의 충성입니다. 쇼군의 자리에 오르기까지는 다른 무사들과 싸움을 벌이게 되지만, 일단 쇼군이 결정되고 나면 쇼군 자리에 오르지 못한 무사들은 쇼군에게 충성을 다해야 합니다. 쇼군과 다른 무사들 사이에 이러한 충성의 관계가 없었다면 일본의 막부는 금세 무너졌을 것입니다.

김딴지 변호사　　그 말은 무사에게는 힘이나 권력보다 충성과 신의가 중요하다는 말처럼 들리는데요. 맞습니까?

아시카가 요시미쓰　　힘과 충성 중에 무엇이 더 중요하다고 딱 잘라 말할 수는 없습니다. 다만 훌륭한 무사의 요건이 힘만은 아니라는 거죠. 무사의 힘은 충성과 신의를 바탕으로 해서 써야 합니다.

판사　　잘 들었습니다. 피고 측, 반대 신문 하시겠습니까?

이대로 변호사　　네, 저도 증인에게 물어보고 싶은 게 있습니다. 증인은 무로마치 막부 중에서도 가장 안정적인 정치를 했던 쇼군으로 알려져 있습니다. 맞습니까?

아시카가 요시미쓰　　그렇게 평가받고 있습니다.

이대로 변호사　　일본의 막부가 800년 가까이 이어졌지만 초기 막부는 굉장히 불안정한 상태였습니다. 그만큼 쇼군이 일본 전체의 무사들을 통제하면서 안정적인 정치를 하는 게 쉽지 않았죠. 그런데도 증인은 굉장히 안정적인 정치를 했습니다. 그 까닭은 무엇인가요?

아시카가 요시미쓰　　다이묘들을 잘 관리했기 때문입니다.

이대로 변호사　　다이묘요? 그들은 어떤 사람입니까?

아시카가 요시미쓰　　다이묘는 지방을 다스리는 무사를 일컫는 말입니다. 많은 사람들이 일본의 막부를 쇼군이 다스리는 정치 체제라고 말하는데요, 엄밀히 말하면 쇼군을 비롯한 무사들이 함께 통치하는 정치 형태입니다. 왕이 있는 수도는 쇼군이 통치하고 지방은 다이묘들이 나누어 통치하는 것이죠.

이대로 변호사　　그렇게 지역을 나누어 통치했던 이유가 있습니까?

아시카가 요시미쓰　　아무리 힘센 쇼군이라고 해도 나라 전체를 통치하기란 힘든 일입니다. 지금이야 교통이 발달해서 지구 반대편도 하루 만에 갈 수 있지만, 그 당시에는 수도에서 지방에 가려면 매우 힘들고 오래 걸렸어요. 이런 상황이다 보니 쇼군이 무리하게 모든 지역을 통치하기 위해 힘을 쏟느니 다이묘들이 자기 지역을 통치하게 한 거죠. 쇼군은 모든 지역의 무사들에게 신경 쓸 필요 없이 다이묘들만 관리하면 되니까요.

이대로 변호사　　다이묘들만 관리하면 된다는 게 무슨 뜻인지 좀 자세히 설명해 주시겠습니까?

아시카가 요시미쓰　　당시 일본의 무사들은 피라미드 형태로 존재했습니다. 무사들은 자기보다 힘센 무사를 자신의 상관으로 모시고 백성들을 지배했죠. 그래서 쇼군은 힘이 강한 무사들을 인정해 주고 그들에게 힘을 주었는데, 바로 그들이 다이묘입니다.

이대로 변호사　　하지만 다이묘들 중에는 그 자리에 만족하지 않고 스스로 쇼군이 되고자 하는 사람도 있었을 텐데요. 그들의 관리는 어떻게 했습니까?

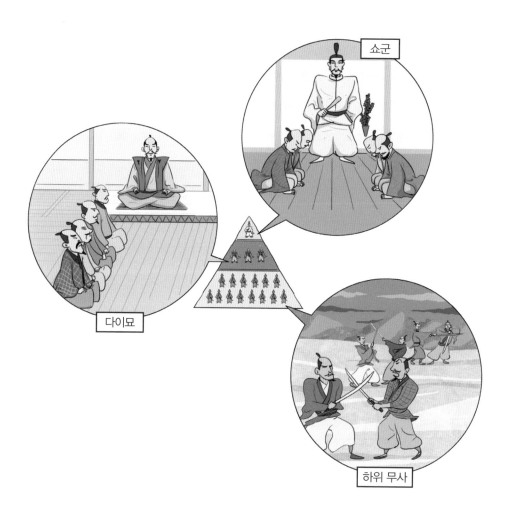

쇼군

다이묘

하위 무사

아시카가 요시미쓰　　　다이묘의 관리가 쇼군에게는 가장 어려운 일 중 하나였어요. 힘이 강한 다이묘 중에는 쇼군이 되려 하는 사람도 있을 수 있으니까요. 그래서 저는 쇼군을 인정하고 충성을 맹세한 다이묘에게는 국가 소유의 땅을 나누어 주고 그 땅에서 자기 마음대로 세금을 걷게 해 주었습니다. 자신의 땅이 생기고 세금을 마음대

　　왜 에도 막부가 시작되었을까?

로 걸을 수 있게 됨으로써 생활이 안정되면 다이묘들이 반란을 일으킬 확률이 낮아지니까요. 자신의 권력을 인정받는데 굳이 힘들게 쇼군과 싸울 필요가 없잖아요?

또한 그 지역에서 무사들을 통솔할 권리도 주었습니다. 다이묘가 무사들을 통솔하는 게 위험할 수 있지만, 일본 무사의 피라미드 구조를 생각한다면 다이묘가 다른 무사들을 관리하는 게 쇼군에게는 더 편한 일이죠.

이대로 변호사   그런 정책이 있었기에 안정된 정치를 할 수 있었던 거군요.

아시카가 요시미쓰   제가 집권한 동안에는 특별한 문제가 생기지 않았습니다. 그런데 제가 죽은 뒤에 문제가 생겼죠. 지방 다이묘들의 힘이 비정상적으로 커졌고, 다이묘들의 힘이 세어지자 반대로 쇼군의 힘은 약해지면서 정치가 흔들리기 시작했습니다.

이대로 변호사   그럼 결국 정치적 안정과 다이묘의 충성은 쇼군의 힘에 달린 것이군요.

아시카가 요시미쓰   쇼군의 힘이 세다고 무조건 정치가 안정되는 건 아닙니다. 무로마치 막부의 6대 쇼군이었던 아시카가 요시노리는 강한 쇼군이 되고자 공포 정치를 펴며 힘센 다이묘들을 죽였습니다. 하지만 무리한 공포 정치로 인해 결국 다이묘에게 암살당해 죽고 말았습니다. 너무 강한 힘은 화를 부르는 법이지요.

이대로 변호사   막부 정치가 안정되려면 힘을 적절히 사용하는 지혜가 필요하겠군요.

공포 정치
정권을 유지하거나 얻기 위해 다른 사람에게 공포감을 주는 정치를 말합니다. 다른 사람을 처형하거나 법을 엄격하게 하여 반감을 사기도 하지요.

아시카가 요시미쓰　　그렇다고 볼 수 있습니다.

이대로 변호사　　증인의 말처럼 일본의 막부는 무사가 이끌기는 했지만 물리적인 힘만으로는 유지될 수 없었습니다. 막부는 단순한 무사의 모임이 아닌 정치였으니까요. 그러므로 당시 일본의 무사에게는 충성과 믿음만큼이나 정치적 능력도 중요했음을 알 수 있습니다.

판사　　잘 들었습니다. 오늘은 증인 덕분에 일본의 정치 구조에 대해 많은 것을 알 수 있었습니다.

2

전국 시대는 어떻게 시작되었을까?

이대로 변호사 지금까지 살펴봤듯이 일본에서 막부는 800년 가까이 존재했지만 막부가 언제나 안정적으로 유지됐던 건 아닙니다. 특히 ▶무로마치 막부 말기에 쇼군의 힘이 약해지면서 일본은 다이묘들 간의 전쟁 시기인 전국 시대에 돌입하였지요. 원고와 피고의 만남도 이때 이루어졌고요. 전국 시대는 일본 역사에서 비극의 시대이자 영웅들이 대거 등장한 의미 있는 시대이기도 합니다.

판사 그럼 이 사건의 배경이 되는 전국 시대에 대해 먼저 이해할 필요가 있겠군요.

이대로 변호사 네. 그래서 전국 시대에 대해 증언해 줄 증인으로 무로마치 막부의 8대 쇼군이었던 아시카가 요시마사를 요청합니다.

교과서에는

▶ 15세기 후반에 쇼군 자리를 둘러싼 싸움이 일어나 무로마치 막부의 지배력이 크게 약화되고 약 1세기 동안 무사들이 다투는 전국 시대가 열리게 됩니다.

아시카가 요시마사는 무로마치 막부 8대 쇼군으로 정사는 소홀히 하고 건축이나 예술 등 문화를 즐기는 데에만 주력했습니다.

판사　증인은 나와서 선서해 주십시오.

아시카가 요시마사　저는 진실만을 말할 것을 맹세합니다.

이대로 변호사　먼저 본인에 대해 간단히 소개해 주시겠습니까?

아시카가 요시마사　저는 무로마치 막부의 제8대 쇼군이었습니다. 제가 쇼군이 되었을 당시에는 쇼군의 권위가 상당히 약해져서 쇼군이라도 다이묘의 눈치를 볼 수밖에 없는 상황이었죠. 더군다나 후계자 문제가 발생하면서 쇼군의 권위는 급속히 떨어졌습니다.

이대로 변호사　후계자 문제라는 것이 무엇이죠?

아시카가 요시마사　저는 쇼군의 강한 힘을 되찾고자 노력했지만 뜻대로 되지 않았죠. 정치적 문제도 그랬고 뒤를 이을 아들도 없었습니다. 갑자기 제가 죽는다면 막부가 무너질지도 모른다는 불안감에 휩싸였지요. 그래서 저는 동생 요시미에게 쇼군 자리를 물려주겠다고 약속했습니다.

그런데 얼마 후 아들 요시하사가 태어난 겁니다. 아들이 생기자 저는 후계자 문제로 고민에 빠졌고, 제 아내는 당장 후계자를 바꾸라고 난리를 쳤습니다. 결국 저는 약속을 번복하고 아들에게 쇼군 자리를 물려주기로 했습니다.

그러자 동생 요시미를 따르던 무리가 반발하고 나섰습니다. 제 아내는 친정 집안의 힘을 이용해 전국의 다이묘들 중 아들 요시하사를 지지해 줄 자들을 모았죠. 이로 인해 전국의 다이묘들은 동생 요시미와 아들 요시하사를 지지하는 사람들로 나뉘게 되었습니다.

오닌의 난
1467~1477에 일본에서 있었던 내란으로, 다이묘들이 동군과 서군으로 나뉘어 벌인 전국적 규모의 전란입니다.

결국 후계자는 아들 요시하사로 결정되었지만 사건은 이것으로 끝나지 않았습니다. 쇼군 자리를 둘러싸고 후계자 문제가 발생하자 이번에는 다이묘 자리를 두고도 후계자 문제가 생겼고, 급기야 이 문제를 전쟁으로 해결하려는 집안까지 생기게 되었습니다.

저는 다이묘 집안 간에 전쟁을 벌이면 이는 쇼군에 대한 반항으로 간주하겠다고 선포하고 전쟁을 못하게 막았지만, 결국 다이묘 집안 간에 전쟁이 시작되었죠. 이 사건을 '오닌의 난'이라고 합니다.

판사 　다이묘는 쇼군에게 충성한다고 들었는데, 쇼군의 명령을 어기고 전쟁을 시작하다니 이해가 안 되는군요.

아시카가 요시마사 　판사님의 말씀처럼 다이묘는 쇼군의 명령에 복종해야 합니다. 그럼에도 불구하고 쇼군의 명령을 어기고 오닌의 난이 발생했다는 건 쇼군의 명령을 듣지 않는 다이묘가 등장했다는 뜻입니다. 그런데도 쇼군인 저는 명령을 어긴 다이묘들을 처벌하지 못했습니다. 쇼군의 힘이 그만큼 약해진 것이죠.

이대로 변호사 　증인의 말대로라면 오닌의 난은 다이묘 집안 간 싸움에 불과합니다. 그런데

'오닌의 난'이 일어났던 교토에 세워진 비석입니다.

도 사람들은 오닌의 난으로 전국 시대가 시작되었다고 하는데요, 오닌의 난의 영향력이 그만큼 컸다는 건가요?

아시카가 요시마사　오닌의 난은 유력한 두 다이묘 집안 간의 전쟁이었지만 무려 11년간이나 지속되었고, 그로 인해 수많은 무사들이 죽거나 다쳤습니다. 11년간이나 이어진 전쟁은 일본 전체를 전쟁의 소용돌이로 몰아넣었어요. 이후 다이묘들은 쇼군의 명령을 듣지 않고 서로 싸우는 것으로 문제를 해결하려고 했는데, 전쟁이 끊이지 않았기에 이 시기를 전쟁을 벌인 시기라는 뜻에서 전국 시대라고 부르는 겁니다.

이대로 변호사　오닌의 난으로 전국 시대가 시작되었고, 전국 시대의 다이묘는 이전 시기의 다이묘와는 성격이 달랐다는 뜻이군요.

아시카가 요시마사　전국 시대 이전의 다이묘는 슈고 다이묘라고 부르고, 전국 시대의 다이묘는 전국 다이묘, 일본 말로는 센고쿠 다이묘라고 부릅니다.

　슈고 다이묘는 쇼군의 부하로서 지방의 경비와 치안 유지를 담당하는 지방 장관(슈고)에 임명된 다이묘를 말합니다. 슈고 다이묘는 쇼군의 허락이 있어야 통치가 가능한 다이묘였죠. 슈고 다이묘는 자기 마음대로 땅을 갖거나 넓히지 못했습니다. 이러한 슈고 다이묘의 존재는 쇼군 입장에서는 자신의 권위를 높여 줄 뿐만 아니라 땅을 매개로 다이묘의 충성을 약속받았다는 점에서 안정적인 정치를 할 수 있는 기반이 되었습니다.

　이와는 달리 센고쿠 다이묘는 스스로 힘을 키워 지역의 통치자로 떠오른 다이묘입니다. 말 그대로 전쟁에서 승리하여 자신의 땅을 갖게 된 다이묘를 의미하죠. 자신의 힘으로 땅을 차지했기에 쇼군의 명령을 따르지 않았습니다.

이대로 변호사　센고쿠 다이묘가 존재한다는 것은 쇼군에게는 불안한 일이었겠군요.

아시카가 요시마사　물론입니다. 센고쿠 다이묘는 자신의 힘으로 자기 땅을 만들고 그 땅을 통치하는 사람들이기에 언제라도 힘이 커지면 반란을 일으킬 수 있는, 쇼군에게는 위협적인 존재였습니다.

이대로 변호사　센고쿠 다이묘들의 세력이 커지게 된 건 언제부터입니까?

아시카가 요시마사　오닌의 난이 발생한 게 1467년이었고 그때부터 전국 시대가 시작되었으니 센고쿠 다이묘도 그때 등장했다고 보면 됩니다. 이내 일본에서 슈고 다이묘는 사라지고 센고쿠 다이묘만 남게 되었죠.

　이렇게 넓은 땅을 차지한 유력 다이묘들은 휘하에 자신에게 충성하는 '가신'이라 불리는 무사들을 두었고, 이들에게 땅을 나누어 주어 통치하게 했습니다.

이대로 변호사　전국 시대에 다이묘들 간에 전쟁이 끊이지 않았다는 얘기로군요. 전국 시대의 모습은 어떠했습니까?

아시카가 요시마사　100여 년간이나 지속된 일본의 전국 시대는 무질서와 배신이 난무하는 혼돈의 시대였습니다. 전국 시대의 무사들은 언제, 누구에게 배신당할지 알 수 없었기 때문에 아내를 볼 때도

하극상
계급이나 신분이 낮은 사람이 예의나 규율을 무시하고 윗사람을 꺾고 오르는 것을 가리키는 말입니다.

칼을 차야만 했습니다. 자신을 따르던 부하가 어느 날 갑자기 배신하고 자신을 죽일 수 있었고, 계율과 규칙은 무시되었기에 '하극상'이란 말이 생기기까지 했어요.

그런 상황에서 가장 큰 피해를 본 건 바로 일반 백성들이었어요. 주로 농사를 짓던 백성들은 전쟁이 지속되고 땅이 황폐해지자 굶어 죽기 일쑤였고 생활이 어려워지자 여기저기서 반란을 일으키기도 했습니다.

이대로 변호사　　그럼 전국 시대에 쇼군은 무엇을 했습니까?

아시카가 요시마사　　아무것도 할 수 없었습니다. 하극상의 시대에는 쇼군도 어느 순간 쫓겨나거나 죽임을 당할 수 있는 존재였으니까요. 그저 힘센 무사의 심기를 건드리지 않고 살아남을 방법을 찾는 게 최선이었습니다.

이대로 변호사　　안타까운 일이군요. 증인의 증언을 통해서 나라의 혼란이 사람들에게 얼마나 큰 피해를 주는지 아셨을 겁니다. 그렇다면 최선은 혼란이 발생하기 전에 능력 있는 지도자가 나서서 정치를 안정화시키는 것이겠죠. 이상으로 신문을 마치겠습니다.

3

오다 노부나가는
왜 통일을 이루지 못했을까?

김딴지 변호사　존경하는 판사님과 배심원 여러분! 지금까지의 증언은 쇼군의 입장에서 바라본 전국 시대일 뿐 그것이 전부라고 할 수는 없습니다. 이에 저는 전국 시대를 쇼군의 시각이 아닌 무사의 시각에서 살펴보기 위해 오다 노부나가를 증인으로 신청합니다.

　법정에 모인 사람들이 술렁이기 시작했다. 웅성거리는 방청객들을 아랑곳하지 않고 오다 노부나가가 무표정한 얼굴로 천천히 증인석에 올라 선서를 했다.

김딴지 변호사　증인은 일본 전국 시대의 무사이지요?
오다 노부나가　네. 저는 전국 시대의 무사로 실질적으로 무로마치 막부를 무너뜨린 사람입니다.

김딴지 변호사　　막부를 무너뜨릴 정도의 실력이라면 당대 최고의 무사였겠군요. 당시 상황에 대해 설명해 주시겠습니까?

오다 노부나가　　제가 태어났을 때 일본은 전국 시대의 무사들, 즉 센고쿠 다이묘들이 난립하여 싸우고 있던 혼란기였습니다. 아버지가 센고쿠 다이묘였기에 저는 어려서부터 후계자로 정해져 무사 교육을 받았고, 실제로 어린 나이에 성주가 됐습니다. 17세 때 아버지가 갑자기 돌아가시자 제가 아버지의 뒤를 이어 다이묘가 되었지요.

김딴지 변호사　　실력 있는 무사로 인정받으셨나 보군요.

오다 노부나가　　그렇지만도 않아요. 어릴 때 별명이 '멍청이'였으니까요. 하지만 진짜 멍청이는 아니었습니다. 전국 시대에는 어느 누구도 믿을 수 없었기 때문에, 저는 믿을 수 있는 사람과 그렇지 않은 사람을 구분하기 위해 때때로 바보 같은 행동을 했습니다.

　그래서 아버지가 돌아가신 후 제가 집안의 대를 이었을 때 제 능력을 의심하는 사람들이 많았어요. 제 형제들이나 아버지를 모시던 무사들이 저를 몰아내기 위해 공격해서 그들과 싸워야 했지요. 결국 그들을 모두 물리치고 나서야 진짜 다이묘가 될 수 있었습니다.

김딴지 변호사　　가족조차 믿을 수 없었다니 슬픈 일이군요.

오다 노부나가　　당시 가족의 개념은 지금과는 달랐습니다. 결혼은 대부분 다이묘들 간의 이해관계에 따라 정략적으로 이루어졌고, 상황이 바뀌면 오늘의 아내가 내일의 적이 될 수도 있었습니다.

　다이묘에게는 아내가 여럿이다 보니 형제라고 해도 어머니가 다른 경우가 많았고, 설사 같은 어머니에게서 태어났다고 해도 자신의 승리를 위해 형이나 동생을 죽이는 일이 **비일비재**했습니다. 가족을 이용할 수 있어야 진정한 승자가 될 수 있는 시대였죠.

김딴지 변호사　증인은 센고쿠 다이묘가 어떤 사람이라고 생각하십니까?

오다 노부나가　센고쿠 다이묘가 다른 다이묘와 싸워 지배하는 땅을 넓혔던 건 맞습니다. 하지만 그것만으로는 센고쿠 다이묘에 대해 정확히 이해할 수 없습니다. 당시 센고쿠 다이묘의 특징은 크게 세 가지입니다. 먼저 센고쿠 다이묘는 쇼군의 권위를 부정하지 않았습니다.

김딴지 변호사　쇼군이었던 아시카가 요시마사는 센고쿠 다이묘들이 쇼군의 명령을 따르지 않았다고 하던데요.

오다 노부나가　물론 쇼군의 명령에 무조건 복종하지는 않았습니다. 하지만 그렇다고 쇼군이 갖고 있는 지위와 권위마저 부정했던 건 아니었습니다. 다시 말해 센고쿠 다이묘는 쇼군을 조종하는 자가 되고 싶어했다고 이해하시면 됩니다.

　모든 센고쿠 다이묘의 꿈은 쇼군을 자기 뜻대로 움직여 나라 전체를 통치하는 것이었습니다. 하지만 수도인 교토로 가는 것이 쉬운 일은 아니었죠. 교토에는 쇼군을 보호하는 군대가 있었고, 한 다이묘가 교토로 들어가려 하면 다른 다이묘들이 기를 쓰고 방해했으니까요. 결국 쇼군을 지키는 군대와 교토 주변을 에워싸고 주도권을 잡으려는 다이묘들 모두를 제압하고 최초로 교토에 입성한 사람이 바로 저였습니다.

김딴지 변호사 역시 최고의 무사라는 말을 들으실 만하군요.

오다 노부나가 센고쿠 다이묘의 두 번째 특징은 자신이 통치하는 땅의 안정을 위해 애썼다는 점입니다. 나라 전체가 굉장히 혼란스러웠던 전국 시대에 안정된 정치 기반과 군사력을 갖추기 위해서는 백성들의 지지가 필수적이었죠. 백성들의 생활이 안정되어야 경제적으로 어려움을 겪지 않을 수 있고, 유사시에 군인으로 활약하는 것도 백성들이었으니까요.

조총
유럽에서 전래된 총으로 탄약을 총신 끝에 넣어 사용합니다. '하늘을 나는 새를 쏘아 맞힐 수 있다(能中飛鳥)'는 의미에서 이름이 지어졌다고 전해지지요.

마지막 특징은 신무기 제조를 위해 노력했다는 점입니다. 당시 포르투갈 상인들에 의해 조총이 유입되자, 다이묘들은 전쟁에서 승리할 수 있는 비결 중 하나가 신무기라는 사실을 깨달았어요. 그래서 전국 시대의 다이묘들은 신무기 개발과 전쟁의 전략 전술 연구에 노력을 기울였습니다.

김딴지 변호사 센고쿠 다이묘와 전국 시대에 대해 이해가 좀 되는 군요. 증인께선 어떤 활약을 했습니까?

오다 노부나가 저 역시 다이묘들과의 전쟁을 통해 통치 지역을 넓혀 나갔고 교토 입성에도 성공하였지요. 저는 아시카가 요시아키를 무로마치 막부의 제15대 쇼군으로 세웠습니다. 그가 제게 관직을 주겠다고 했지만 받지 않았습니다. 제가 원하는 건 쇼군의 부하가 아니라 일본을 통일한 뒤 통치하는 것이었으니까요. 제 덕에 쇼군 자

리에 올랐는데 저더러 자신의 부하가 되라니……

그런데 아시카가 요시아키가 저를 죽이기 위해 다른 다이묘들과 손을 잡았다는 사실을 알게 되었습니다. 다른 다이묘의 힘을 이용해 저를 몰아내려 했던 것이죠. 저는 아시카가 요시아키와 손잡은 다이묘들과 싸워야 했고 그 전쟁에서 모두 승리했습니다.

이로써 무로마치 막부는 사라졌고, 일본은 도쿠가와 이에야스에 의해 에도 막부가 세워질 때까지 30년 동안 쇼군이 없는 시대가 되었습니다.

원군
전투에서 자기편을 도와주는 군대를 말합니다.

원정
먼 곳으로 싸우러 나가는 것을 가리키는 말입니다.

김딴지 변호사　　스스로 쇼군이 되지 않은 이유는 무엇입니까?

오다 노부나가　　일본을 통일한 뒤 새로운 막부를 세우고 제가 쇼군이 되려 했죠. 아니, 더 나아가 일본의 천황이 되려는 마음도 있었습니다. 하지만 부하의 배신으로 49세의 나이에 죽게 되었습니다.

김딴지 변호사　　그 당시의 얘기를 부탁드려도 될까요?

오다 노부나가　　1582년, 저는 동맹군이었던 도쿠가와 이에야스를 초대하여 잔치를 벌였습니다. 그때 전쟁에 나가 있던 부하 도요토미 히데요시로부터 원군을 보내 달라는 연락을 받았죠. 그래서 저는 잔치를 중단하고 도쿠가와 이에야스의 초대를 담당했던 아케치 미쓰히데에게 원군으로 가라고 명령을 내렸습니다. 그리고 저 역시 출정 준비를 위해 수도인 교토로 갔고 그곳의 혼노지 절에 머물렀습니다. 그런데 한밤중에 원정을 간 줄 알았던 아케치 미쓰히데의 군대가 제가 자고 있던 혼노지 절로 쳐들어온 겁니다. 전 부하의 손에 죽느니 명예롭게 죽는 길을 선택하여 자결했지요.

김딴지 변호사　　그때 죽지 않았다면 일본 역사가 어떻게 바뀌었을지 알 수 없는데 안타깝군요. 증인은 원고나 피고와 잘 아는 사이였는데, 두 사람과의 관계에 대해서도 말씀해 주시겠습니까?

오다 노부나가가 자결한 혼노지 절에 그의 무덤이 있습니다.

동맹

둘 이상의 개인이나 단체, 또는 국가가 서로의 이익이나 목적을 위하여 동일하게 행동하기로 맹세하여 맺는 약속을 말합니다. 때로는 이러한 약속을 맺은 관계를 가리키기도 하지요.

오다 노부나가　　　도요토미 히데요시를 처음 알게 된 건 제가 20세 되던 해였습니다. 도요토미는 그때 저희 집에서 허드렛일을 하고 있었어요. 농민의 아들이었고 신분이 낮은 만큼 처음에는 별로 눈에 띄지 않았습니다. 하지만 종종 업무와 관련해 기발한 아이디어를 내놓았고 모든 일에 솔선수범하니 점차 눈에 들어오더군요. 전투 능력 또한 뛰어나 수많은 전투에서 승리함으로써 제가 세력을 넓히는 데 큰 도움을 주었습니다.

김딴지 변호사　　　피고와는 어떻게 알게 되었습니까?

오다 노부나가　　　도쿠가와 이에야스는 무사 집안에서 태어났으나 아버지가 다른 다이묘와의 싸움에서 패하면서 집안이 어려움을 겪게 되었습니다. 도쿠가와는 어린 나이에 먼 곳까지 인질로 잡혀가게 되었죠. 저는 그때 그를 알게 되어 어린 시절을 함께 지냈습니다.

　　도쿠가와를 인질로 잡은 무사는 제가 싸워야 할 다이묘 중 하나였고, 결국 제가 그를 물리치면서 도쿠가와 이에야스는 인질 생활을 끝낼 수 있었습니다. 이후 도쿠가와 이에야스와 저는 친분을 유지했고 동맹을 맺어 제가 죽는 날까지도 같은 편이 되어 싸웠습니다.

김딴지 변호사　　　피고의 실력은 어떻게 평가하십니까?

오다 노부나가　　　도쿠가와 이에야스는 훌륭한 무사이자 파트너였습니다. 쇼군이었던 아시카가 요시아키의 공격으로 제가 위기에 빠진 적이 있었는데 도쿠가와 이에야스가 도와주지 않았다면 저는 살아남기 힘들었을 겁니다. 도쿠가와 이에야스는 무사로서의 능력과 센스, 그리고 느긋함까지 지닌 보기 드문 뛰어난 사람입니다.

김딴지 변호사　　원고와 피고를 비교했을 때 둘 중 누가 더 우수한 무사라고 생각하십니까?

오다 노부나가　　어려운 질문이군요. 두 사람은 전혀 다른 성격을 지녔어요. 도요토미 히데요시는 어떠한 수단과 방법을 동원해서라도 목표한 바를 이루고야 마는 능수능란한 전략가입니다.

　　반면 도쿠가와 이에야스는 이익과 손해에 대한 계산이 빠르고 특

도요토미 히데요시는 강한
무사이고, 도쿠가와 이에야스는
끈기를 가진 인물이지요.
둘 중 누가 더 우수한지
가리기는 힘듭니다.

유의 느긋함과 때를 기다릴 줄 아는 여유를 가지고 있었습니다. 다른 다이묘와의 싸움 도중 언제 죽을지 모르는 긴박한 상황에서 기다릴 수 있다는 건 참으로 어려운 일인데, 바로 그 끈기가 도쿠가와 이에야스의 최대 장점이라고 할 수 있죠. 하지만 둘 중 누가 더 우수한지는 가리기 어렵군요.

김딴지 변호사　그렇군요. 긴 시간 답변해 주셔서 감사합니다.

판사　피고 측 변호인 반대 신문 하시겠습니까?

이대로 변호사　네. 증인이 죽은 후 결국 원고가 그의 뒤를 이었습니다. 그 점에 대해선 어떻게 생각하시나요?

오다 노부나가　물론 저는 아들이 제 뒤를 이어 주길 바랐습니다. 그건 아버지로서 자연스러운 일이죠. 하지만 후계자를 결정하지 못한 상황에서 제가 죽었기 때문에 후계 문제가 발생한 것은 당연한 일일 겁니다. 제 아들이 배신자 아케치 미쓰히데를 처벌하고 후계자가 되었다면 좋았겠지만 말이죠.

　도요토미는 저처럼 부하의 배신으로 갑작스레 죽은 게 아니라 노환으로 죽었습니다. 그리고 저와는 달리 이미 후계자를 정한 상태였고, 제가 죽었던 시대하고는 상황도 많이 달랐습니다.

이대로 변호사　그렇군요. 이상으로 신문을 마치겠습니다.

판사　연이어 여러 증인들을 소환했던 관계로 오늘 재판은 이것으로 마치겠습니다.

　땅, 땅, 땅!

　왜 에도 막부가 시작되었을까?

전국 시대의 가족

센고쿠 시대의 다이묘 사이토
도산의 딸, 노히메

오다 노부나가와 사이토는 전국 시대를 대표하는 다이묘로 장인과 사위 관계였습니다. 사이토의 딸인 노히메가 오다 노부나가의 아내였죠. 하지만 오다 노부나가와 사이토는 가족이라기보다 서로를 물리쳐야 하는 적에 가까웠습니다. 노히메와의 결혼도 서로의 이익을 위한 정략결혼이었죠.

어느 날 오다 노부나가는 한밤중에 일어나 나가서 밖을 살폈습니다. 아내인 노히메는 오다 노부나가의 행동이 이상하다고 생각했지만 그냥 넘어갔습니다. 그런데 오다 노부나가가 그런 행동을 며칠째 반복하자 노히메가 오다 노부나가에게 그 이유를 물었습니다. 오다 노부나가는 한참을 망설이다가 마침내 입을 열었습니다.

"사실은 당신 아버지의 부하가 당신 아버지를 죽이고 반역을 일으키려고 하고 있어요. 그런데 그들이 나에게 도움을 청하면서 반역을 일으키는 날 밤 횃불을 밝힐 테니 군사를 보내 달라고 했지요. 그래서 횃불을 밝혔는지 살피려고 밤마다 나가는 거요. 하지만 부인, 이 사실을 절대 당신 아버지에게는 얘기하지 말아 주시오. 부탁이오!"

하지만 딸인 노히메가 아버지인 사이토에게 이 사실을 말하지 않을 리가 없었죠. 이 말을 들은 사이토는 반역을 일으키려 한다는 부하들을 모두 죽였습니다.

그런데 사실 이것은 모두 오다 노부나가가 지어낸 거짓말이었습니다. 오다 노부나가는 사이토의 땅을 빼앗기 위해 쳐들어가려고 했으나 사이토의 부하들 때문에 망설이고 있었어요. 그래서 그 부하들을 어떻게 없앨까 고민하다가 이런 계략을 꾸민 것이죠.

결국 오다 노부나가의 계략에 넘어가 부하들을 죽인 사이토는 힘이 약해졌고, 얼마 지나지 않아 오다 노부나가의 공격을 받아 무너지고 말았습니다. 이렇게 전국 시대에는 자신의 이익을 위해서라면 아내와 남편마저 속이거나 이용했답니다.

다알지 기자

　　방금 일본 역사의 두 영웅이 격돌한 첫 번째 재판이 끝났습니다. 워낙 첨예한 대립이다 보니 변호사들까지 흥분해서 재판 열기가 대단했다는군요. 오늘 재판은 쇼군이었던 아시카가 요시마사와 전국 시대를 대표하는 무사 오다 노부나가가 증인으로 나왔다는 점에서도 흥미를 끌었습니다.

　　특이하게도 이들 증인들은 원고나 피고, 혹은 자신의 주장보다 일본 역사와 관련지어 여러 가지 배경을 설명하는 데 많은 시간을 할애했다고 하는데요. 이번 재판이 일본 역사에 대한 이해 없이 진행되기 어렵고, 많은 사람들이 이에 대해 잘 알지 못하기 때문이라고 추측되는군요. 그럼 여기서 양측 증인의 이야기를 직접 들어 보도록 하겠습니다.

아시카가 요시미쓰

오늘 재판에서는 제 입장보다는 재판을 돕기 위한 여러 가지 설명을 많이 했습니다. 하지만 여전히 부족한 듯싶어서 이 자리를 빌려 못다 한 설명을 보충하고 싶군요.

먼저 쇼군은 일본에만 있었던 특별한 지배층으로, 쉬운 말로 표현하면 장군입니다. 하지만 일반적인 장군과는 차원이 다르죠. 보통 장군은 군대를 통솔하는 지휘관이지만, 일본의 쇼군은 정치와 군사를 지휘하던 국가 최고 지배자라고 할 수 있습니다.

하지만 쇼군이 무한히 그 자리를 지킬 수 있었던 것은 아닙니다. 쇼군의 힘이 약해질 경우 부하들 중 누구라도 그 자리를 넘볼 수 있었고 실제로 새로운 쇼군이 등장하는 경우도 있었으니까요. 쇼군이 죽고 그다음 쇼군을 정하지 못해 무사들끼리 서로 쇼군이 되겠다고 싸우는 경우도 있었는데, 그게 바로 전국 시대입니다.

오다 노부나가

일본의 체제와 관련해 여러 가지 설명을 들으셨으니, 저는 제 삶을 바탕으로 당시의 시대상을 말씀드리겠습니다.

제가 최고의 무사로 인정받은 이유는 단순히 힘만 강했기 때문이 아닙니다. 저는 백성들과 어울리며 그들의 목소리를 듣기 위해 노력했습니다. 그들이 진정으로 원하는 게 무엇인지 생각하며 안정된 체제를 이루기 위해 노력했어요. 또한 누구라도 능력만 있다면 신분과 무관하게 출세할 수 있는 기회를 주기도 했고요. 그중 하나가 도요토미 히데요시였습니다.

물론 저를 나쁘게 평가하는 사람들도 있습니다. 정권을 잡기 위해 형제들을 죽이기도 했고 다른 무사를 배신한 경우도 있었으니까요. 하지만 당시는 매우 혼란스러운 시대였기 때문에 신뢰나 의리보다 자신의 힘으로 자신의 것을 지켜야 했습니다.

도요토미 히데요시는
어떤 통치를 했을까?

1. 도요토미 히데요시가 통일을 이룰 수 있었던 이유는 무엇일까?
2. 도요토미 히데요시는 왜 임진왜란을 일으켰을까?
3. 도쿠가와 이에야스는 어떻게 권력을 획득했을까?

1

도요토미 히데요시가 통일을 이룰 수 있었던 이유는 무엇일까?

판사　두 번째 재판을 시작하겠습니다. 먼저 오다 노부나가가 죽은 후 일본의 상황이 어떠했는지 알아보겠습니다. 원고 측 변호인, 준비되었습니까?

김딴지 변호사　오다 노부나가가 죽었을 당시 일본은 혼란스러웠고, 무사들 간의 싸움은 더 복잡해졌습니다. 그런 어려운 상황을 정리하고 일본 통일이라는 큰 업적을 이룬 사람이 원고입니다. 당시의 정황을 알아보고자 원고를 증인으로 신청합니다.

판사　좋습니다. 원고는 증언해 주세요.

　원고석에 앉아 있던 도요토미 히데요시가 일어서더니 위엄이 느껴지는 날카로운 눈빛으로 법정을 한 차례 훑어보았다.

김딴지 변호사　　오다 노부나가가 죽은 후의 상황을 자세히 말씀해 주시겠습니까?

도요토미 히데요시　　오다 노부나가가 죽었을 때 저는 다른 다이묘와 전쟁을 하고 있었습니다. 오다 노부나가가 죽었다는 소식에 휴전을 하고는 곧바로 수도인 교토로 향했죠. 제가 일찍 나타난 것에 당황한 아케치 미쓰히데가 저에게 맞서 싸웠지만 역부족이었습니다. 결국 전쟁에 패해 도망치던 아케치 미쓰히데는 지역 주민의 손에 살해되고 말았죠.

이 과정은 생각보다 혼란스러워서 오다 노부나가가 죽고 난 후 25일이 지나서야 후계자 문제를 처리할 회의를 열 수 있었지요. 오다 노부나가의 손자 오다 히데노부를 후계자로 세웠고요.

김딴지 변호사　　자료에 따르면 당시 오다 노부나가 진영의 2인자는 시바타 가쓰이에였습니다. 그가 원고보다 땅도 많았고 세력도 더 컸다고 되어 있어요. 그런데 시바타 가쓰이에는 오다 노부나가의 후계자로 다른 사람을 지지했습니다. 그런데 어떻게 그의 주장을 누르고 원고의 의견에 따라 후계자가 정해진 겁니까?

도요토미 히데요시　　아마도 제가 평소 오다 노부나가의 신임을 받았던 점, 그리고 무엇보다 아케치 미쓰히데를 처벌한 점이 큰 영향을 준 것 같습니다. 실제로 회의가 끝난 후 땅을 재배분하는 과정에서 저는 시바타 가쓰이에보다 더 많은 땅을 갖게 되었으니까요.

김딴지 변호사　　그럼 오다 노부나가 진영에서 원고의 영향력이 가장 컸겠군요?

도요토미 히데요시　　그렇지만도 않았습니다. 회의에서 제게 주도권을 빼앗겼지만 시바타 가쓰이에는 실질적 힘에서는 여전히 저보다 우위에 있었고, 자신이 지지하던 오다 노부나가의 아들인 오다 노부타카와 손잡고 저를 공격했어요. 하지만 전쟁은 저의 승리로 끝났고 시바타 가쓰이에와 오다 노부타카 모두 자결하고 말았습니다.

김딴지 변호사　　시바타 가쓰이에를 물리친 뒤 원고가 주도권을 잡았습니까?

도요토미 히데요시　　오다 노부나가에게는 열 명이 넘는 아들이 있었으니 한 명이 죽었다고 모든 아들이 실권을 포기한 것은 아니었죠. 그중에서도 오다 노부나가의 둘째 아들 오다 노부카쓰와 저는 사이가 좋지 않아 오다 노부카쓰는 저를 몰아낼 궁리를 하고 있었습니다.

그런 오다 노부카쓰와 손잡은 것이 도쿠가와 이에야스입니다. 그는 제가 실권을 잡게 된 것을 못마땅하게 여기던 차에 오다 노부카쓰의 연락을 받고 그를 후계자로 세운다는 명목 아래 전쟁을 선포했습니다.

김딴지 변호사　　오다 노부나가가 죽었을 때 피고는 무엇을 하였습니까?

도요토미 히데요시　　아케치 미쓰히데를 쫓고 있었다고 하는데 제가 먼저 그를 처치했으니 그 후에 무엇을 했는지는 알 수 없죠. 어쩌면 그때부터 저와의 전쟁을 계획하고 있었는지도 모르고요.

이대로 변호사가 참을 수 없다는 듯 자리에서 벌떡 일어났다.

이대로 변호사　　이의 있습니다. 원고는 피고가 오다 노부나가 사후에 아무것도 하지 않았다는 자신의 추측을 사실인 것처럼 얘기하고 있습니다.

판사　　인정합니다. 원고는 사실만을 얘기해 주시기 바랍니다.

도요토미 히데요시　　흠, 알겠습니다. 도쿠가와 이에야스와 오다 노

명분

일을 꾀할 때 내세우는 구실이
나 이유 등을 뜻합니다.

부카쓰 연합군은 제가 권력을 잡은 것을 못마땅하게 여기
던 다른 무사들을 꾀어 반히데요시 진영을 결성했습니다.
그래서 저도 오다 노부나가의 아들들 중 저와 사이가 좋았
던 사람들부터 시작해서 여러 무사들과 손잡고 반히데요
시 진영과 전쟁을 했습니다.

저로선 도쿠가와 이에야스보다는 오다 노부카쓰 쪽이 공격하기
가 쉬웠어요. 저의 공격을 막지 못한 오다 노부카쓰는 저와 화해를
했죠. 그러자 오다 노부카쓰를 후계자로 세우기 위해 저와 싸우겠다
고 나섰던 도쿠가와 이에야스는 전쟁을 계속할 **명분**이 없어졌고, 결
국 저의 승리로 끝이 났습니다.

김딴지 변호사　　보통 전쟁이 끝나면 패한 무사는 이긴 무사의 손에
죽거나 자결을 하는데 피고는 그렇게 하지 않았군요. 만약 그때 피
고를 처벌했다면 이런 재판을 할 필요도 없었을 텐데요.

도요토미 히데요시　　도쿠가와 이에야스가 저와의 전쟁에서 진 건
사실이지만 졌다기보다는 저에게 충성을 맹세하며 저와 화해를 했
다고 하는 편이 맞을 겁니다. 전 저에게 충성하는 부하에게 너그러
운 사람입니다.

김딴지 변호사　　무사의 도리와 예의를 지켰는데 배신을 당했으니
실망이 크셨겠습니다. 일본 통일은 어떻게 이루셨나요?

도요토미 히데요시　　도쿠가와 이에야스와의 전쟁이 마무리된 후에
도 싸움의 연속이었습니다. 오다 노부나가가 정복하지 못했던 규슈,
오다와라를 정복하고 힘센 다이묘들을 제 앞에 굴복시켜야 했으니

까요. ▶힘든 전쟁이었지만 전 결국 해냈고 전국 시대를 끝내고 일본을 통일할 수 있었습니다.

김딴지 변호사　원고의 말을 들으니 정말 대단한 과정이었다는 생각이 드는군요. 원고가 일본 최고의 무사로 평가받는 이유를 알겠습니다.

이대로 변호사　판사님! 일본 통일의 과정을 객관적으로 보기 위해 피고를 증인으로 신청합니다.

판사　좋습니다. 피고는 증인석으로 나와 주십시오.

　　무표정한 얼굴의 도쿠가와 이에야스가 천천히 몸을 일으켰다.

이대로 변호사　먼저 피고가 오다 노부나가와 어떤 사이였는지 말씀해 주시겠습니까?

도쿠가와 이에야스　저와 오다 노부나가는 어린 시절을 같이 보낸 친구였습니다. 오다 노부나가와 제가 각각 가문의 대표가 된 후에는 서로 동맹을 맺어서 그가 죽을 때까지 단 한 번도 동맹 관계가 깨진 적이 없었죠.

이대로 변호사　그럼 오다 노부나가가 죽은 후 피고는 어떤 일을 하셨나요?

도쿠가와 이에야스　오다 노부나가가 아케치 미쓰히데에 의해 죽었다는 소식을 듣고 저는 그를 잡기 위해 무사들을 모았습니다. 하지만 도요토미 히데요시가 아케치 미쓰히

교과서에는

▶ 1590년 도요토미 히데요시는 전국을 통일하였습니다.

데를 죽였다는 소식을 접하게 됐죠.

저는 도요토미 히데요시가 앞으로 오다 노부나가 집안을 뒤흔들 것이라고 예상했고, 이는 오다 노부나가가 바라는 바가 아니며 저에게도 불리한 일이 될 것이라고 생각했습니다. 하지만 곧바로 도요토미 히데요시와 맞서 싸우지는 않았습니다. 일본은 이미 오랫동안 혼란스러웠는데 제가 도요토미 히데요시와 싸우게 된다면 나라가 전보다 더 큰 혼란에 빠질 수 있겠기에 상황을 지켜보고만 있었던 겁니다.

이대로 변호사　　그런데 결국 원고와 대결을 하셨죠?

도쿠가와 이에야스　　도요토미 히데요시는 오다 노부나가의 계승자로 어린아이에 불과했던 오다 히데노부를 내세웠습니다. 이는 사실상 도요토미 히데요시가 권력을 차지하겠다는 뜻이었지요.

결국 도요토미 히데요시의 권력 장악에 반대하는 많은 사람들이 반히데요시 세력을 형성하였고, 저도 그중 하나였기에 도요토미 히데요시에 맞서 싸우게 된 것입니다.

이대로 변호사　　싸움의 결과는 어땠나요?

도쿠가와 이에야스　　저는 오다 노부나가의 둘째 아들 오다 노부카쓰와 손잡았습니다. 저와 저의 무사들은 전투력에 있어서는 어떤 무사에게도 뒤지지 않았습니다. 이 사실을 알고 있었던 도요토미 히데요시가 저에게 관직을 제안하였는데 그 자신보다도 높은 자리였습니다.

하지만 저는 거절했습니다. 왜냐하면 오다 노부나가의 후계자는 도요토미 히데요시가 아닌 오다 노부나가의 자손 중 한 명이 되는 것이 옳다고 생각했기 때문이지요.

제가 술책에 말려들지 않자 도요토미 히데요시는 거짓 소문을 퍼뜨렸습니다. 그 거짓 소문에 말려든 오다 노부카쓰가 자신의 유능한 관리들을 죽게 만들었고 이후 그의 진영은 혼란에 빠졌습니다. 이에 오다 노부카쓰가 저에게 도움을 요청함으로써 저와 도요토미 히데요시 간에 본격적인 전쟁이 시작되었지요.

그런데 도요토미 히데요시는 저와 싸우는 대신 오다 노부카쓰 진영을 집중 공격했고, 이를 견디지 못한 오다 노부카쓰는 도요토미 히데요시와 강화를 맺었습니다. 그래서 결국 도요토미 히데요시와의 싸움이 끝나게 된 것입니다.

이대로 변호사 원고가 실권을 장악한 후 피고를 죽이거나 몰아내지 않은 것은 충성을 약속했기 때문입니까?

도쿠가와 이에야스 물론 겉으로는 그런 이유였죠. 하지만 실제로는 저의 힘 때문이었습니다. 저와 싸우느니 손을 잡는 게 유리하다고 판단했던 거죠. 도요토미 히데요시가 전국 시대를 끝내고 일본을 통일했던 마지막 순간에 저 또한 그와 손잡고 함께 싸웠습니다. 만약 도요토미 히데요시가 저를 반대파로 내몰았거나 절 죽이는 데 힘을 썼다면 당시 일본 통일은 불가능했을지도 모르죠.

이대로 변호사 그럼 원고가 일본을 통일하는 데 피고도 큰 역할을 하신 거네요. 통일 이후에 그 공로를 인정받으셨나요?

도쿠가와 이에야스 도요토미 히데요시는 저의 땅 일부를 가져가고

술책
어떤 일을 꾸미는 꾀나 방법을 가리키는 말입니다.

왜 에도 막부가 시작되었을까?

새로운 땅을 저에게 주었습니다. 면적으로 봤을 때 새로 받은 땅이 더 넓었으니 형식적으로는 공로를 인정받은 셈이죠. 하지만 사실은 그렇지 않았습니다. 저에게서 받아 간 땅은 수도인 교토에서 가까운 중요한 곳이었고, 제가 새로 받은 땅은 당시로서는 시골에 해당하는 에도(지금의 도쿄) 지역이었죠.

이는 누가 보더라도 저를 멀리 내쫓기 위한 방책이었습니다. 이 사실을 저나 제 부하들이 모를 리 없었죠. 그래서 제 부하들은 도요토미 히데요시의 결정에 반대했지만 전 그냥 받아들였습니다. 전국시대가 끝난 상태에서 또다시 전쟁을 한다는 건 잘못된 일이라고 생각했기 때문이죠. 결국 전 에도로 갔고 그때부터 저의 근거지는 에도가 되었습니다.

판사   오다 노부나가의 사후 일본의 상황이 어떠했는지에 대해 잘 알게 되었습니다. 증인, 수고 많으셨습니다.

2 도요토미 히데요시는
왜 임진왜란을 일으켰을까?

판사   이번에는 원고의 통치 능력에 대해 자세히 알아보겠습니다.
피고 측 변호인, 말씀해 주세요.

이대로 변호사   제가 원고의 지도력을 의심하는 데는 몇 가지 이유
가 있습니다. 첫 번째는 후계자 문제입니다. 원래 후계자로 정했던
아들이 죽고 난 후 원고는 후계자 문제를 깔끔하게 정리하지 못해
혼란을 야기했습니다.

두 번째로 원고가 전국 시대의 막을 내렸다고는 하나 여전히 지방
에는 힘센 다이묘들이 있었습니다. 원고는 일본을 통일하고도 유력
다이묘들을 다스리지 못해 쇼군의 자리에 오르지 못했습니다.

마지막으로 ▶조선과의 전쟁인 임진왜란 문제입니다. 일본 내의
혼란을 제대로 정리하지 못한 채 무리하게 다른 나라와 전쟁을 일으

켜 아까운 인명과 재산의 손실을 가져왔습니다.

김딴지 변호사   이의 있습니다. 일본 통일 이후 혼란스러웠던 이유를 원고의 무능력 탓으로 이야기하고 있으나 이는 사실과 다릅니다. 어떤 나라든 정치 상황이 바뀌면 일정 기간 혼란할 수밖에 없고, 그 상황에서 원고의 선택은 일본의 발전을 위한 최선의 것이었습니다.

판사   지금 일본의 통일 이후 정세에 대해 양측이 상반된 주장을 펼치고 있는데요, 이 사실을 정확히 판단하기 위해서는 객관적인 시각이 필요할 것 같군요.

이대로 변호사   네, 원고의 조카인 도요토미 히데쓰구를 증인으로 신청합니다.

판사   좋습니다. 증인은 나와서 선서하십시오.

　도요토미 히데쓰구가 증인석에 오르자 도요토미 히데요시의 표정이 싸늘하게 바뀌었다.

이대로 변호사   먼저 본인에 대한 소개를 부탁드립니다.

도요토미 히데쓰구   저는 도요토미 히데요시의 조카이자 양자였던 도요토미 히데쓰구입니다. 한때 도요토미 히데요시의 후계자로 지명되었던 사람이죠.

이대로 변호사   한때라니요? 좀 자세히 설명해 주시겠습니까?

도요토미 히데쓰구   도요토미 히데요시에게는 아들 도요

교과서에는

▶ 일본에서는 도요토미 히데요시가 100여 년에 걸친 전국 시대의 혼란을 수습하고 통일 국가를 이룩하였습니다. 도요토미 히데요시는 불평 세력의 관심을 밖으로 쏠리게 하고 자신의 대륙 진출 야욕을 펴기 위해 조선을 침략하였지요.

무리수
도리나 이치에 맞지 않거나 정도를 지나치게 벗어나는 일을 비유적으로 이르는 말입니다.

토미 쓰루마쓰가 있었기 때문에 그가 후계자로 지명되었습니다. 하지만 쓰루마쓰가 병으로 죽자 도요토미 히데요시는 조카인 저를 양자로 데려가 후계자로 삼았습니다.

하지만 불과 2년 뒤 아들 도요토미 히데요리가 태어나자 도요토미 히데요시는 저를 후계자로 삼은 일을 후회했습니다. 하지만 저도 쉽게 후계자 자리에서 물러날 생각은 없었습니다. 그러자 도요토미 히데요시는 제가 백성들에게 악행을 저질렀다며 절 추방하더니, 급기야 제가 자신을 배신하고 지도자가 되려 했다며 자살을 명령하였습니다.

이대로 변호사　　증인을 죽이기 위해 **무리수**를 두었군요. 혹시 원고의 후계자 정책에 다른 다이묘들의 반발은 없었나요?

도요토미 히데쓰구 　당시에는 도요토미 히데요시의 힘이 강했기 때문에 드러내고 반발하는 다이묘는 없었습니다. 하지만 이 사건으로 도요토미 히데요시를 지지하던 사람들 중 일부가 등을 돌렸음에 틀림없습니다. 도요토미 히데요시가 죽은 뒤 도쿠가와 이에야스가 권력을 잡기 위해 전쟁을 벌였을 때 이전에 도요토미 히데요시를 지지했던 사람들 중 일부가 전쟁에 참여하지 않

도요토미 히데쓰구는 도요토미 가문의 거의 유일한 성인이었는데, 히데요시에 의해 자식들과 함께 죽게 되었습니다.

았는데, 이는 저를 죽인 사건 때문이라는 얘기가 있었으니까요.

이대로 변호사 　원고는 다이묘들을 효율적으로 다스리기 위해 무엇을 했습니까?

도요토미 히데쓰구 　유력 다이묘들을 자기편으로 만들고 명령에 복종하게 하려면 그들에게 혜택을 주는 것이 중요합니다. 다이묘는 무사이면서 동시에 정치인이었죠. 그들이 원하는 힘과 경제력을 준다면 더 이상 반항할 이유도 명령에 불복종할 이유도 없었습니다. 하지만 도요토미 히데요시는 유력 다이묘들이 원하는 것을 제대로 주지 못했습니다.

이대로 변호사 　왜 그런 거죠?

도요토미 히데쓰구 　다이묘들에게 혜택을 주는 일이 그리 쉬운 게 아닙니다. 유력 다이묘에게 혜택을 줄 때 다이묘들 모두 만족하면서도 공평하다고 느끼게 하는 것은 아주 어려운 일이죠.

이대로 변호사 　원고는 그런 일들을 잘하지 못했던 건가요?

도요토미 히데쓰구　　도요토미 히데요시는 전쟁 능력은 탁월했지만 지도자로서 모든 일을 고려하고 수행하기에는 통치 능력이 부족했습니다. 일본을 통일한 직후에도 도요토미 히데요시는 후계자 문제에 매달린 나머지 다이묘 관리에 소홀했죠. 결국 국내의 혼란을 제대로 정리하지 못한 채 무리한 전쟁을 일으키게 되었습니다.

이대로 변호사　　무리한 전쟁이라면 임진왜란을 말하는 건가요?

도요토미 히데쓰구　　그렇습니다. 도요토미 히데요시는 일본을 위해 대륙 진출이 필요하다며 전쟁을 일으켰지만 사실 그 전쟁은 일본을 위한 것이 아니라 도요토미 히데요시 자신을 위한 것이었습니다.

이대로 변호사　　자신을 위한 전쟁이라니 정확히 무슨 뜻인가요?

도요토미 히데쓰구　　당시 대부분의 유력 다이묘들은 전쟁에 반대했습니다. 도요토미 히데요시의 측근들까지 반대했고 도쿠가와 이에야스 역시 전쟁에 참전할 수 없다고 선언했죠. 하지만 도요토미 히데요시는 그런 의견들을 무시한 채 전쟁을 시작했습니다.

　도요토미 히데요시는 전쟁의 선봉장으로 고니시 유키나가와 가토 기요마사 두 사람을 내세웠습니다. 이들은 사이가 안 좋기로 유명한 다이묘들입니다. 누가 보아도 분란이 일어날 수밖에 없는 상황이었지요. 분쟁으로 다이묘들의 힘이 약화될 경우 가장 이득을 보는 건 도요토미 히데요시 자신이었습니다.

　임진왜란은 도요토미 히데요시의 뜻대로 되지 않았습니다. 전쟁이 금방 끝날 거라고 장담했지만 7년간이나 이어졌고 일본은 전쟁에서 승리하지 못했습니다. ▶결국 실패한 전쟁이 된 임진왜란으로 인해 일본은 인적·물적으로 큰 피해를 입었죠.

포악
사납고 악하다는 뜻입니다.

이대로 변호사　　지도자의 능력이 얼마나 중요한지 새삼 깨닫게 되네요. 증언에서 살펴봤듯이 원고는 전쟁 능력은 탁월했을지 몰라도 한 나라의 지도자가 되기에는 부족했습니다. 그 당시 일본은 안팎으로 불안한 상태로 안정을 위해서는 새로운 지도자가 필요했지요. 원고가 죽은 후 피고가 권력을 잡은 것은 도요토미 히데요시에 대한 배신도 명예 훼손도 아닌 시대적 요구였음을 기억해 주시기 바랍니다.

김딴지 변호사　　저도 증인에게 질문하겠습니다. 증인은 원고가 증인을 후계자 자리에서 몰아내기 위해 정치를 구실 삼아 죽였다고 했습니다. 하지만 일본의 역사 자료를 살펴보면 증인은 **포악**한 정치를 일삼아 주민들의 원성이 자자했다고 나와 있더군요. 이에 대해 어떻게 설명하실 겁니까?

도요토미 히데쓰구　　제가 당시 정치에서 잘못한 부분이 있었던 건 사실입니다. 도요토미 히데요리가 태어난 뒤 도요토미 히데요시가 후계자를 히데요리로 바꿀 거라는 소문이 돌았습니다. 처지가 불안해지자 저는 작은 일에도 격한 반응을 보였고 그런 제 모습이 포악하게 비춰졌겠지요. 하지만 저의 통치가 도요토미 히데요시의 주장만큼 실제로 문제가 있지는 않았습니다.

김딴지 변호사　　그건 증인의 생각 아닐까요?

교과서에는

▶ 7년간의 전쟁은 조선의 승리로 끝났고, 일본의 침략은 좌절되었습니다. 일본은 조선의 항복을 받지도 못했고 영토를 얻지도 못했지요.

불사

사양하지 않거나 마다하지 않는 것을 가리키는 말입니다.

증인 도요토미 히데쓰구는 원고에 대해 나쁜 감정을 가지고 있는 만큼 객관적인 시각을 가졌다고 볼 수 없습니다. 일본 통일 이후 원고의 정책이 어떻게 이루어졌는지는 본인의 입을 통해 듣는 게 더 정확하다고 생각합니다. 잠시 원고의 이야기를 들어 봐도 될까요?

판사 좋습니다. 본인의 얘기를 직접 들어 볼 필요성이 있겠군요.

도요토미 히데쓰구는 긴장된 표정으로 법정을 나섰고, 입을 굳게 다문 도요토미 히데요시가 자리에서 일어났다.

김딴지 변호사 도요토미 히데쓰구는 원고가 일본 통일 이후 다이묘들을 통치했던 방식에 문제가 있었다고 진술했는데 이에 대해 어떻게 생각하시나요?

도요토미 히데요시 제가 다이묘들의 통치에 애를 먹었던 건 사실입니다. 유력 다이묘들 중에는 좋은 집안 출신이 많았는데 저는 농민 출신이었으니까요. 그런 사람들을 한순간에 모두 제 밑에 둔다는 게 쉬운 일이 아니었죠. 그건 제가 아니라 오다 노부나가, 도쿠가와 이에야스라고 해도 결코 쉽게 할 수 있는 일이 아니었습니다. 그들을 다스리는 데에는 시간이 필요했고, 당시로선 그들이 더 이상 전쟁을 하지 못하게 막은 것만으로도 대단한 일이었어요.

김딴지 변호사 당시 유력 다이묘들을 다스리기 위해서는 새로운 땅이 필요했고, 다이묘들 역시 땅을 갖기 위해서라면 전쟁도 **불사**할

준비가 돼 있었다는 거로군요?

도요토미 히데요시   그렇습니다. 다이묘들은 땅을 원했지만 일본에서 새로운 땅을 찾는다는 것은 쉽지 않았습니다. 그래서 전 일본이 아닌 대륙을 생각했습니다. 만약 일본이 대륙으로 진출할 수만 있다면 이 모든 일이 단번에 해결될 수 있었으니까요.

김딴지 변호사   원고의 얘기를 들으니 당시 임진왜란은 일본의 발전을 위해 꼭 필요한 전쟁이었다는 생각이 드는군요. 그럼 마지막으로 많은 사람들이 궁금해하는 건데요, 왜 쇼군의 자리에 오르지 않았던 건가요?

도요토미 히데요시　　당시 전국 시대가 끝났다고는 하나 일본은 여전히 혼란스러운 상태였어요. 만약 그때 제가 쇼군이 되고자 했다면 일부 다이묘들은 저의 신분을 운운하며 쇼군의 자격이 있느니 없느니 말이 많았을 겁니다. 그리고 새로운 혼란이 생길 게 뻔했죠. 그래서 저는 쇼군의 자리에 오르는 것보다 대륙 진출을 먼저 추진했던 겁니다. 대륙 진출에 성공하고 일본의 혼란이 사라지는 게 쇼군이 되는 것보다 더 중요했으니까요. 물론 결과적으로 성공하지는 못했지만 결과가 실패로 돌아갔다고 과정까지 잘못된 건 아니라고 생각합니다.

김딴지 변호사　　그런 깊은 뜻을 무시한 채 원고의 통치를 욕심과 잘못으로 치부하다니 안타깝군요.

증언을 통해 들으셨듯이 당시 원고의 통치는 전국 시대 마감 이후 혼란한 상황에서 최선의 선택이었습니다. 비록 임진왜란에서 패배했지만 그것은 시대적 상황에 따른 어쩔 수 없는 일이었습니다.

이대로 변호사　　이의 있습니다. 원고 측에서 뭐라고 변명하든 일본 통일 이후 원고의 통치 방식에 문제가 있었다는 사실에는 변함이 없습니다. 그리고 그 문제의 핵심에는 임진왜란이 있습니다.

판사　　그렇다면 원고의 정책 중 가장 큰 문제점으로 지적된 임진왜란이 어떤 전쟁이었는지 살펴볼 필요가 있겠군요.

이대로 변호사　　임진왜란이 어떤 전쟁이었는지 객관적인 시각에서 알아보기 위해 조선의 명장 이순신을 증인으로 신청합니다.

판사　　좋습니다. 증인은 나와서 선서해 주십시오.

이순신이 담담한 표정으로 나와 증인석에 앉았다.

이대로 변호사　어려운 걸음을 해 주신 증인에게 감사의 말씀을 드립니다. 워낙 유명하시지만 그래도 본인 소개부터 해 주시겠습니까?

이순신　▶저는 임진왜란 당시 일본군에 맞서 싸웠던 조선의 장군 이순신입니다.

이대로 변호사　임진왜란이 어떤 전쟁이었는지 설명해 주시겠습니까?

이순신　▶▶임진왜란은 1592년에 도요토미 히데요시가 조선에게 명나라로 가기 위한 길을 내 달라며 쳐들어온 전쟁입니다. 갑작스러운 전쟁이었기 때문에 ▶▶▶조선군이 우왕좌왕하는 사이 일본군은 왕이 있는 한성까지 순식간에 밀고 올라왔습니다. 하지만 육군에서의 승리와는 달리 일본의 해군은 연일 패했습니다. 저와 제 부하들이 죽을 각오로 나라를 지키기 위해 싸웠기 때문이죠. 특히 조선의 거북선과 판옥선은 일본 해군을 무력화시키는 데 성공했고 지형을 이용한 뛰어난 전술 또한 승리에 큰 보탬이 되었습니다.

　●전쟁이 처음과는 달리 일본에 불리하게 진행되고 명나라 군대까지 일본을 막겠다며 전쟁에 참여하자 일본은 협상하는 쪽으로 전략을 바꾸었습니다.

이대로 변호사　그럼 전쟁 중에 전투를 중단하고 협상을

강화
싸우던 두 편이 싸움을 그치고 평화로운 상태가 되는 것을 '강화'라고 합니다.

철병
주둔하였던 군대를 철수하는 것을 말합니다.

송환
포로나 불법으로 입국한 사람 등을 본국으로 돌려보내는 것을 말해요.

했다는 것이군요?

이순신   전쟁이 발발하고 1년여 만에 일본은 명나라가 제의한 협상에 응하겠다고 했고 강화 협상이 진행되었습니다. 하지만 일본은 협상이 진행되는 가운데 대규모의 군대로 진주성을 공격했습니다. 진주성 1차 전투에서 일본은 조선에 크게 패했는데, 일본이 그 보복을 하겠다며 군대를 파견한 것이었어요. 10만 명의 일본군에 맞서 3000여 명의 조선 군대가 최선을 다해 싸웠지만 9일 만에 성이 함락되고 말았습니다. 이 싸움이 임진왜란 역사상 가장 치열한 전투로 기록되고 있는 2차 진주성 전투이지요. 이후 ▶강화 협상이 3년간이나 이어졌지만 합의에 이르지 못하고 협상은 결렬되고 말았습니다.

이대로 변호사   강화 협상이 결렬된 이유는 무엇입니까?

이순신   일본이 제시한 조건이 어처구니없는 것이었기 때문입니다. 명나라는 일본에 철병과 일본이 인질로 잡고 있는 두 조선 왕자의 송환, 도요토미 히데요시의 사과, 이 세 가지만 들어준다면 전쟁을 끝내겠다고 제안했습니다.

이대로 변호사   그럼 전쟁은 어떻게 마무리되었습니까?

이순신   ▶▶1598년 도요토미 히데요시가 죽으면서 전쟁이 끝났습니다. 일본도 전쟁에서 원하는 것을 얻지 못했지만, 우리 조선이 본 피해는 어마어마한 것이었습니다. 많은 사람이 죽었고 국토는 황폐화되었으며 여러 문화재가 불타 없어졌습니다.

교과서에는

▶ 3년을 끌어 오던 화의 교섭이 실패하자 왜군은 다시 공격해 옵니다. 이것이 1597년의 정유재란이지요.

▶▶ 도요토미 히데요시가 사망하고 전세가 불리해지자 왜군은 철수하기 시작하였습니다.

▶임진왜란 당시 일본에 끌려간 조선인들 중에는 고향으로 돌아오지 못한 사람이 상당수 있었는데 그들의 후손은 아직도 일본에 살고 있습니다. 물론 지금은 일본인으로서 살고 있지요.

명나라의 피해도 컸습니다. ▶▶임진왜란에 군대를 보냈던 명나라는 그 여파로 힘이 약해지는 바람에 여진족이 세운 청나라에게 멸망하고 말았어요.

이대로 변호사　전쟁이 얼마나 무서운 것인지 새삼 느껴지는군요. 그런데 증인은 원고가 명나라로 가기 위한 길을 내 달라며 전쟁을 일으켰다고 했는데요, 조선에서는 원고가 임진왜란을 일으킨 진짜 이유를 무엇이라고 보았나요?

이순신　도요토미 히데요시가 임진왜란을 일으킨 원인에 대해서는 여러 가지 이야기가 있습니다. 그 말은 당시 일본 내에서도 임진왜란의 명확한 이유를 찾지 못했다는 뜻이 됩니다.

조선에서 생각하는 임진왜란의 첫 번째 원인은 일본 내 다이묘들의 힘을 약화시키기 위한 것입니다. 전쟁을 하다 보면 일본의 군사들도 많은 피해를 볼 것이고 그것은 곧 다이묘의 약화를 가져와 도요토미가 일본을 통치하는 데 도움이 될 거라고 생각한 거죠.

어떤 사람들은 도요토미 히데요시가 아들인 도요토미 쓰루마쓰가 죽은 슬픔을 전쟁으로 풀었다고도 분석합니다. 그 외에 오다 노부나가의 영향을 받아 대륙으로 진출하고 싶어 했다고도 하고, 천하를 지배하고자 전쟁을 일으

켰다고도 합니다.

이대로 변호사　천하를 지배할 꿈이오? 원고는 일본 내에서도 쇼군의 자리에 오르지 못한 사람입니다. 너무 확대 해석한 것 아닙니까?

이순신　글쎄요. 임진왜란이 발생하고 20일 만에 일본군이 조선의 수도인 한성을 점령하자 그 소식을 들은 도요토미 히데요시가 앞으로의 계획을 발표했습니다. 그런데 그 계획이 너무 터무니없었어요.

이대로 변호사　　어떤 계획이었습니까?

이순신　　여러 계획이 있었는데 그중 일본 천황을 명나라 수도인 베이징에 머물게 한다, 베이징 주위에 일본 천황이 직접 다스리는 지역을 만든다, 일본이 명나라의 황족을 다스린다, 조선의 국왕은 일본에 살게 한다, 인도 정복에 착수한다, 이런 조항들이 있었어요. 이 계획을 듣고 이 변호사께선 어떤 생각이 드시나요?

이대로 변호사　　확실히 원고가 과대망상에 빠져 있었던 것 같군요.

이순신　　그렇습니다. 도요토미 히데요시의 이런 생각은 조선과 일본, 명나라 모두에게 피해를 주는 것이었고 가장 큰 피해를 입은 게 조선이라는 점에서 조선인의 한 사람으로서 가슴이 아픕니다. 도요토미 히데요시의 생각이 조금만 더 현실적이었더라면 전쟁은 조금이라도 빨리 끝났을 것이고 피해도 그만큼 줄었을 테니까요.

이대로 변호사　　증인의 진심이 담긴 증언 감사드립니다. 임진왜란은 조선, 일본, 명나라 모두에게 큰 피해와 상처를 안긴 전쟁이었습니다. 현실을 생각하지 않고 무리하게 임진왜란을 일으킨 원고의 정책은 분명 잘못되었습니다. 개인의 욕심 때문에 대의를 저버린 결과였죠. 원고가 죽으면서 임진왜란이 7년 만에 끝났기에 망정이지, 만약 원고가 더 오래 살았더라면 전쟁은 더 길어졌을 것이고 전쟁의 피해는 더 컸을 것입니다.

3

도쿠가와 이에야스는
어떻게 권력을 획득했을까?

김딴지 변호사　　임진왜란으로 인해 일본뿐 아니라 조선과 명나라까지 모두 피해를 보게 된 건 유감스러운 일입니다. 하지만 임진왜란은 원고의 욕심 때문에 일어난 전쟁이 아니라 시대적 상황에서 필요한 전쟁이었습니다.

이대로 변호사　　저는 임진왜란이 원고가 한 나라의 지도자로서 능력이 부족함을 드러낸 결정적인 사건이라고 생각합니다. 임진왜란 중에 원고가 죽지 않았더라도 전쟁이 끝난 후 원고는 다이묘들에게 신뢰를 잃고 자신의 자리에서 쫓겨났을 가능성이 높습니다. 한 나라의 지도자는 자신의 욕심이 아니라 나라와 백성을 위해 움직이고 결단해야 합니다. 하지만 원고는 그런 점에서 능력이 부족했습니다. 그런 원고를 따르지 않고 피고가 새로운 정부를 수립한 건 배신도 명예 훼손도 아닌, 무사이자 지도자로서 할 일을 한 것입니다.

김딴지 변호사   그 주장이야말로 **어불성설**이라는 생각이 드는군요. 지도자가 정치를 하다 보면 생각과 달리 좋지 못한 결과가 나오기도 합니다. 임진왜란이 그런 것이었고요. 그런데 그것을 근거로 피고가 원고를 배신하고 에도 막부를 세운 것을 정당화하다니 말이 안 됩니다. 정말 자신이 있다면 정당한 방법으로 정부를 세워야 하는데 피고는 배신과 편법으로 에도 막부를 수립했습니다. 또 원고가 개인적인 욕심 때문에 대의를 저버렸다고 했는데요, 그런 얘기를 들을 사람은 원고가 아니라 피고라고 생각합니다.

판사   두 변호인의 발언이 또 감정적으로 흐르는 것 같군요. 우선 원고 사후 일본에 어떤 일이 있었고 그 과정에서 피고가 어떻게 행동했는지 살펴볼 필요가 있을 것 같습니다.

김딴지 변호사   그렇습니다. 이에 저는 원고가 죽은 후 피고와 전쟁을 벌였던 이시다 미쓰나리를 증인으로 요청합니다.

이시다 미쓰나리의 등장에 도요토미 히데요시는 반가운 기색을 드러냈고 도쿠가와 이에야스는 긴장한 듯 보였다.

김딴지 변호사   증인은 전국 시대부터 활동했던 무사로 원고가 가장 신뢰했던 부하 중 한 명으로 알려져 있는데, 맞습니까?

이시다 미쓰나리   네. 저는 오다 노부나가 시절부터 도요토미 히데

어불성설
말이 조금도 사리에 맞지 아니하는 것을 뜻합니다.

정벌

적이나 죄 있는 무리를 무력으로써 치는 것을 가리킵니다.

요시의 부하로 있으면서 그와 함께 수많은 전투를 치렀습니다. 아케치 미쓰히데가 오다 노부나가를 혼노지 절에서 죽였을 때, 저는 도요토미 히데요시와 함께 아케치 미쓰히데를 몰아냈지요.

일본을 통일하는 과정에서도 규슈 및 오다와라 정벌을 도요토미 히데요시와 함께 수행했습니다. 또한 임진왜란 당시 도요토미 히데요시의 명령을 받고 조선에 파견되어 싸우기도 했습니다.

김딴지 변호사　전국 시대부터 원고가 이룬 모든 업적을 함께한 분이시군요. 원고가 죽고 나서 일본의 정세가 어떻게 바뀌었습니까?

이시다 미쓰나리　도요토미 히데요시는 죽기 직전까지 걱정거리가 하나 있었습니다. 바로 여섯 살밖에 되지 않은 아들 도요토미 히데요리였죠. 도요토미 히데요시는 아들 도요토미 히데요리에게 자신의 직위와 권력을 물려주겠다고 선언했지만 다른 무사들이 자신의 아들을 따라 줄지 믿을 수 없었습니다. 그래서 도요토미는 죽기 직전에 당시 가장 힘이 세었던 다이묘 다섯 명에게서 자신이 죽은 뒤 아들 도요토미 히데요리에게 충성을 다하겠다는 맹세를 받았습니다. 그중 한 명이 도쿠가와 이에야스였지요.

김딴지 변호사　그럼 피고는 원고뿐만 아니라 아들인 도요토미 히데요리에게도 충성하겠다는 약속을 한 거였군요?

이시다 미쓰나리　네. 하지만 도쿠가와 이에야스는 도요토미 히데요시가 죽자마자 약속을 깨고 야욕을 드러내기 시작했습니다. 특히 도요토미 히데요시와 친했던 다이묘들을 자기편으로 끌어들이기 시

작했습니다. 혼인 관계를 맺으면서 말이죠.

사실 다이묘 집안 간에 혼인 관계를 맺는 것은 도요토미 히데요시가 금지했던 일입니다. 그런데 도쿠가와 이에야스는 금지된 방법을 사용함으로써 도요토미 히데요시의 정책에 정면으로 도전함과 동시에 도요토미 히데요시에게 반대하는 다이묘들을 모았습니다.

하지만 당시 다이묘들 사이에서 가장 존경받고 영향력이 강했던 마에다 도시이에가 도요토미 히데요리를 지지하는 쪽으로 마음을

섬멸
모조리 무찔러 멸망시키는 것을
뜻합니다.

굳히자, 도쿠가와 이에야스는 드러내고 도요토미 히데요시와 했던 약속을 깨지는 못했습니다. 그럼에도 불구하고 도요토미 히데요시에게 반대하는 의사는 확실히 했죠. 이에 당시 다이묘들은 도쿠가와 이에야스가 이끄는 반히데요시 파와 마에다 도시이에가 이끄는 친히데요시 파로 나뉘어졌지만 전쟁이 일어나지는 않았습니다.

김딴지 변호사 편을 가르고도 전쟁을 벌이지 않았다니 이상하군요. 피고 측의 주장처럼 혹시 피고가 전쟁과 일본의 혼란을 원치 않았기 때문에 싸움이 일어나지 않은 것입니까?

이시다 미쓰나리 아닙니다. 도쿠가와 이에야스는 자신의 욕심을 위해서라면 뭐든 할 사람입니다. 전쟁을 하지 않은 건 자신에게 유리한 때가 아니었기 때문이었죠. 이윽고 친히데요시 파를 이끌던 마에다 도시이에가 세상을 떠나자 도쿠가와 이에야스는 친히데요시 파의 대표격인 저를 죽이려 했습니다. 그리고 그게 뜻대로 되지 않자 본격적으로 전쟁을 시작했어요. 결국 도쿠가와 이에야스 진영의 동군과 제가 이끄는 서군 간에 큰 싸움이 벌어졌는데 그것을 세키가하라 전투라고 합니다.

김딴지 변호사 세키가하라 전투의 결과는 어떻게 되었습니까?

이시다 미쓰나리 제가 이끄는 서군은 전략과 전술에서 동군을 앞섰고 지형을 이용해 동군을 **섬멸**시킬 계획까지 세우고 있었습니다. 하지만 도쿠가와 이에야스는 특유의 교활함을 발휘해 전쟁을 다른 양상으로 이끌었습니다.

도쿠가와 이에야스는 우리 쪽 무사들을 매수하는 데 힘을 쏟았죠. 당시 다이묘들 가운데 도쿠가와 이에야스는 가장 넓은 땅을 가지고 있었습니다. 그런 경제력을 이용해 그는 우리 쪽 무사들을 매수하는 데 성공했고, 우리 서군은 내부 무사들의 배신으로 제대로 된 싸움 한 번 해 보지 못한 채 동군에게 지고 말았습니다.

김딴지 변호사　　　그렇군요. 전쟁이 피고의 승리로 끝났으니 일본은 피고의 손안에 들어갔겠군요.

이시다 미쓰나리　　　맞습니다. 저를 비롯한 서군의 주요 장군들은 죽임을 당했고, 전쟁에 참전하지 않았지만 평소 도요토미 히데요시와 친분이 있었

도쿠가와 이에야스 파와 이시다 미쓰나리 파가 싸운 세키가하라 전투에서 도쿠가와 세력이 승리했습니다.

던 다이묘들은 직위가 낮아지거나 땅을 빼앗겼지요. 도요토미 히데요시의 아들 도요토미 히데요리 역시 도요토미 히데요시가 물려준 관직에서 쫓겨나 평범한 다이묘가 되었습니다. ▶도쿠가와 이에야스는 쇼군의 자리에 오르며 에도 막부를 개창했습니다.

김딴지 변호사　　　쇼군이 된 뒤 피고는 도요토미 히데요리를 어떻게 대했습니까?

이시다 미쓰나리　　　분명 마음속으로는 도요토미 히데요리를 죽이고 싶었을 겁니다. 하지만 바로 죽이지는 못했습니다. 그 이유는 세키가하라 전투에서 내건 명분이 도요토미 히데요리의 보호였기 때문입니다. 그 명목하에 전쟁에서

교과서에는

▶ 도요토미 히데요시의 사후에 도쿠가와 이에야스는 권력을 장악하여 에도에 막부를 열었습니다. 1603년의 일이지요.

승리하고 쇼군이 되었으니 아무 이유도 없이 도요토미 히데요리를 죽인다면 진짜 우스워지는 거죠.

김딴지 변호사　　증인의 말을 들으니 피고가 정말 교활하다는 생각이 드는군요. 자신의 욕심을 위해 약속과 맹세를 저버린 것도 모자라 다른 무사들까지 배신의 길로 들어서게 하다니…… 약속과 신의를 중시하는 원고의 입장에서 보면 피고는 무사로서 자질을 갖추지 못한 사람임에 틀림없습니다.

　　듣고 있던 이대로 변호사가 벌떡 일어났다.

이대로 변호사　　이의 있습니다! 증인 이시다 미쓰나리는 원고의 심복으로 당연히 원고의 라이벌이었던 피고에 대해 나쁜 감정을 가지고 있습니다. 그러므로 이시다 미쓰나리의 증언을 그대로 신뢰할 수 없습니다. 이에 저는 원고가 죽은 후 왜 배신이라는 선택을 할 수밖에 없었는지 피고에게 직접 들어야 한다고 생각합니다.

판사　　좋습니다. 피고의 이야기를 들어 보죠.

이대로 변호사　　이시다 미쓰나리의 증언을 들어 보면 피고는 배신과 교활함, 편법을 일삼는 사람처럼 느껴집니다. 원고가 죽은 후 그에게 했던 약속을 깬 이유는 무엇입니까?

도쿠가와 이에야스　　이시다 미쓰나리의 말처럼 제가 도요토미 히데요시가 죽은 후 본모습을 드러낸 것은 맞습니다. 하지만 당시 일본의 무사라면 누구나 최고의 자리인 쇼군을 꿈꾸고 있었습니다.

이대로 변호사　　　원고가 죽었을 당시 다이묘들 중에서 누가 지도자가 되기에 가장 유력했습니까?

도쿠가와 이에야스　　　바로 접니다. 저는 당시 가장 많은 땅을 갖고 있었을 뿐만 아니라 군사력에서도 월등했죠. 누구든 이길 자신이 있었습니다. 하지만 전 싸움에서 이기는 게 목적이 아니었습니다. 일본의 정치를 안정시키고 주도권을 잡는 게 중요했지요.

　　　그러기 위해선 다른 무사들의 도움이 필요했기 때문에 맞서 싸우기보다 많은 사람들을 내 편으로 만들기 위해 노력했습니다. 그 과정에서 도요토미 히데요시를 따르던 무사들의 배신이 나타난 것은 유감이지만, 저의 그런 노력이 있었기에 피를 흘리는 싸움이 최소화되었다고 자부합니다.

이대로 변호사   그런 깊은 뜻이 있었군요. 피고의 말을 들으니 당시 피고가 했던 행동들이 이해됩니다. 이런 피고의 깊은 뜻과 선택을 색안경을 끼고 왜곡해서 바라보는 일이 없었으면 합니다.

판사   이번 재판은 원고와 피고의 잘잘못을 따지는 것에 그치지 않고 일본의 정치와 역사를 알아보며 진행하느라 쉽지 않은데요. 연달아 증언해 주신 원고와 피고, 그리고 증인들 모두 수고 많으셨습니다.

땅, 땅, 땅!

전국 시대를 대표하는 무사

전국 시대는 싸움과 배신이 난무했던 혼란기였지만 그런 시기일수록 수많은 영웅들이 탄생하게 되지요. 그중 가장 유명한 사람은 오다 노부나가, 도요토미 히데요시, 도쿠가와 이에야스로, 이들은 전국 시대를 끝내고 통일을 이루기 위해 애쓴 사람들입니다.

오다 노부나가는 통일을 이루기 위한 발판 작업을 했고 도요토미 히데요시는 통일을 이루었습니다. 그리고 그 뒤에 도쿠가와 이에야스가 일본을 안정시키고 새로운 시대로 이끌었지요.

어떤 역사학자는 전국 시대의 통일과 이후 정세에 대해 오다 노부나가가 쌀을 찧고 도요토미 히데요시가 반죽한 천하라는 떡을 도쿠가와 이에야스가 힘 안 들이고 쪄 먹었다고도 말합니다. 물론 이는 한 개인의 의견이지만 많은 사람들이 이 말에 공감하면서 유명한 이야기가 되었지요.

이 세 사람은 일본 통일에 일조했다는 점에서는 공통점이 있지만 성격은 완전히 달랐다고 합니다. 먼저 오다 노부나가는 전투에서는 강한 카리스마를 발휘했지만 평상시에는 백성들과 어울려 노래를 부르고 춤을 추기도 했습니다. 도요토미 히데요시는 신분이 낮은 집안 출신이라는 약점이 있음에도 꾸준히 노력하여 오다 노부나가의 눈에 띄었고 후계자가 되기 위해 모든 방법을 동원했지요. 도쿠가와 이에야스는 앞선 두 인물 뒤에서 때를 기다리다가 일본 최고의 자리에 오르기까지 보여 준 처세술이 음흉하고 교활하다 하여 '살쾡이 영감'이라고 불리기도 했답니다.

다알지 기자

갈수록 뜨거워지는 재판의 열기가 전해지는 가운데 방금 두 번째 재판이 모두 끝났습니다. 오늘은 도요토미 히데요시의 일본 통일과 임진왜란, 그리고 도요토미 히데요시가 죽은 후 도쿠가와 이에야스가 정권을 잡은 일까지 일본 역사의 굵직굵직한 사건들이 언급되었습니다.

분명 과거에 일어난 일인데도 각 사건이 시각에 따라 얼마나 다르게 해석될 수 있는지 여실히 드러난 재판이었지요. 그리고 일본 역사에 대해 많은 사람들이 너무 모르고 있었다는 생각도 하게 되었는데요. 지금까지 재판에서 선전한 원고와 피고의 심경은 어떨지 궁금하지 않을 수 없습니다. 두 분을 만나 심경을 들어 보도록 하겠습니다.

도요토미 히데요시

　지금까지 많은 사람들이 저를 임진왜란을 일
으킨 전쟁광이라고 생각하셨겠지만 이번 재판을
통해 저에 대한 오해가 풀렸으리라 생각됩니다. 도쿠가
와 이에야스는 개인적인 욕심 때문에 제게 한 충성의 맹세도 잊고 제
가문을 끝장낸 탐욕스러운 자입니다. 자신을 무사라고 하지만 진정한
무사라면 입이 아닌 행동으로 스스로를 증명해야 하지 않겠습니까?
　도쿠가와 이에야스는 충성과 의리, 약속을 저버리고 철저히 자신의
이익을 좇아 행동했습니다. 그는 무사라고 불릴 자격도 없는 사람입니
다. 그런데 이런 사실들은 잊혀지고 에도 막부를 세운 영웅으로만 기
억되는 게 통탄스러울 따름입니다.

도쿠가와 이에야스

　　　　　　도요토미 히데요시는 계속해서 배신을 운운
하는데, 저는 그를 배신하지 않았습니다. 물론 저
는 도요토미 히데요시의 아들 히데요리에게 충성하지
않았습니다. 하지만 그건 제 개인의 이익과 영광을 위해서가 아니라
일본을 위해서 어쩔 수 없는 선택이었습니다.

　개인의 영광에 빠져 역사를 바로 보지 못하는 것은 오히려 도요토
미 히데요시입니다. 그는 일본이 아닌 자기 개인만의 입장을 생각하며
떼를 쓰고 있는 것입니다. 모름지기 무사라면 패배를 인정하고 조용히
물러날 때를 알아야 하는 법입니다. 그런데 역사의 심판을 무시하고
자신의 입장만을 강조하며 이런 재판까지 제기한 그의 행동을 저는 이
해할 수 없습니다.

그림으로 보는 일본 역사의 흐름

안토 성도

안토 성은 일본 시가 현에 있는 산성인 아즈치 성을 가리키는 말입니다. 아즈치 성은 오다 노부나가가 일본 통일의 거점으로 쌓은 것으로 유명한 건축물이지요. 오다 노부나가는 무사이자 다이묘로 도요토미 히데요시가 일본을 통일할 기반을 닦은 인물이기도 합니다.

7년에 걸쳐 쌓은 아즈치 산의 아즈치 성은 5층 7단의 호화로운 천수각과 석벽의 건축 등으로 이루어져 있습니다. 당시까지 없었던 독창적인 디자인으로 이후의 성 건축에 많은 영향을 끼쳤다고 합니다.

이나바 산을 오르는 도요토미 히데요시

쓰키오카 요시토시의 작품인 〈월백자(月百姿)〉 중 이나바 산과 달을 그
린 것입니다. 도요토미 히데요시는 낮은 신분 출신으로 오다 노부나가
의 말고삐를 잡거나 짚신을 들고 다니는 일을 했습니다. 그러다 성실함
과 충직함으로 오다 노부나가의 눈에 들게 되었지요. 그 후로는 오다 노
부나가의 손발이 되어 중요한 일들과 전투를 하게 됩니다. 특히 교토 진
출을 가로막는 세력을 물리치고 이나바 산성을 함락하는 데 큰 역할을
했다고 전해지지요.

세키가하라 전투를 그린 병풍도

세키가하라 전투는 1600년 일본에서 일어난 유명한 전투입니다. 도요 토미 히데요시가 죽은 뒤 그의 자리를 누가 차지할지를 놓고 반히데요 시 파와 친히데요시 파 사이에서 벌어진 다툼이었지요. 당시 반히데요 시 파의 수장은 도쿠가와 이에야스로 이 전투에서 승리를 거두면서 에 도 막부를 세우는 발판을 다지게 되었어요. 당시 도쿠가와 이에야스가 이끄는 반히데요시 파를 동군, 친히데요시 파를 서군이라 불렀답니다.

에도 막부는
어떻게 발전했을까?

1. 에도 막부의 성립은 정당한가?
2. 에도 막부는 일본을 발전시켰을까?

1

에도 막부의 성립은 정당한가?

판사　지금부터 원고 도요토미 히데요시와 피고 도쿠가와 이에야스의 마지막 재판을 시작하겠습니다. 오늘은 원고가 죽은 뒤 세워진 에도 막부가 어떤 정권이었는지 알아봄으로써 과연 에도 막부의 성립이 정당했는지를 살펴보겠습니다.

판사의 말이 끝나자 김딴지 변호사가 기다렸다는 듯이 일어섰다.

김딴지 변호사　지난 재판에서도 살펴보았듯이 에도 막부는 피고의 배신으로 세워진 정권입니다. 스스로 배신의 길을 택함으로써 배신은 잘못된 게 아니라는 의식을 다른 무사들에게 심어 주면서 말이지요. 그렇게 성립한 에도 막부가 정당한 정권이라고 할 수 있겠습니까? 에도 막부는 피고 개인의 욕심을 채우기 위해 세워진 정권입니다.

이대로 변호사　　그렇지 않습니다. 물론 에도 막부를 세울 당시 피고가 자신이 했던 약속을 깬 것은 인정합니다. 하지만 그런 일은 어느역사에서나 무수히 발생합니다. 정권이 바뀔 때는 싸움과 희생이 따르게 되어 있습니다. 이를 두고 에도 막부의 정당성 문제를 제기하는 것은 억지라고 생각합니다.

김딴지 변호사　　새로운 왕조가 생길 때 배신과 싸움이 벌어지는 것은 당연한 일입니다. 하지만 일본의 상황은 다릅니다. 일본의 천황집안은 에도 막부 성립 전이나 후나 같았습니다. 에도 막부뿐만 아니라 다른 막부가 세워지거나 망할 때도 일본의 천황 집안은 교체되지 않았습니다. 그러니 일본에서의 막부 성립을 다른 나라의 왕조교체와 비교해서는 안 된다고 생각합니다.

또한 피고가 에도 막부를 수립할 때 일본에는 막부가 존재하지 않았습니다. 즉, 다른 무사들을 몰아내지 않아도 새로운 막부를 수립할 수 있었지요. 그런데도 피고는 도요토미 가문 사람들과 그를 따르던 무사들을 죽였습니다. 그것도 배신이라는 비열한 방법으로 말이지요.

이런 판인데 피고가 전국 시대의 혼란을 막으려 했다고요? 피고스스로 전국 시대의 하극상과 혼란을 몸소 실천했던 것 아닌가요?

이대로 변호사　　과정상 무리가 있었던 점은 인정합니다. 하지만 그것은 당시 일본의 정치 안정을 위해 피할 수 없는 선택이었습니다.

물론 무사에게 있어 약속과 믿음은 중요하지만 시대 상황을 제대로 파악하지 못한 믿음은 자칫 고집이 될 수 있고 그 고집은 목숨을 앗아 가기도 합니다. 이렇게 우리끼리 논쟁을 벌이기보다 증인을 통해 그때의 상황을 알아보는 것이 좋겠군요. 가토 기요마사를 증인으로 신청합니다.

판사　좋습니다. 증인은 나와 선서해 주세요.

　증인석으로 나오는 가토 기요마사를 바라보는 도요토미 히데요시의 표정이 밝지 않았다.

이대로 변호사　증인은 원고의 부하로 알려져 있는데요, 언제까지 원고의 부하로서 충성을 다했습니까?

가토 기요마사　저는 어린 시절부터 도요토미 히데요시 밑에서 무도를 배웠고 그의 부하가 되어 충성을 다했습니다. 그가 전국 시대를 끝내고 일본을 통일할 때도 전투에 참여했고요.

　사실 임진왜란 참전 시에는 화가 나기도 했습니다. 저와 앙숙이었던 고니시 유키나가가 제1 선봉장이 되고 제가 두 번째 장수로 임명된 게 기분 나빠서였죠. 하지만 도요토미 히데요시의 명령이기에 따랐습니다. 그만큼 제 충성은 도요토미 히데요시가 죽는 순간까지도 변함없었습니다.

이대로 변호사　그런데 원고가 죽은 뒤 증인은 피고에게 충성을 맹세하고 세키가하라 전투에서는 동군이 되어 피고를 도왔죠? 그건 변절이라고도 할 수 있는데 마음이 변한 이유가 무엇입니까?

가토 기요마사   마음이 변하다니요? 도요토미 히데요시를 향한 저의 충성심은 한 번도 변한 적이 없습니다. 하지만 문제는 도요토미 히데요시가 죽었다는 것이었죠. 도요토미 히데요시는 죽으면서 아들 도요토미 히데요리에게 충성하라고 부탁했지만 사실 그건 어려운 일이었습니다. 어느 나라를 막론하고 어린 후계자가 대를 이을 경우 나라가 혼란해지고 그 혼란으로 인해 여러 사람이 죽게 되죠. 도요토미 히데요시는 당시 왕도 쇼군도 아니었습니다. 그런데 아들에게 충성을 맹세하라니요. 그건 무리 아닐까요?

이대로 변호사   그럼 증인은 원고가 죽는 순간부터 아들인 도요토미 히데요리에게 충성할 생각은 없었다는 거군요? 그런 증인이 충성의 대상으로 피고를 선택한 이유는 무엇입니까?

가토 기요마사   수많은 유력 다이묘들이 있었지만 제게는 도쿠가와 이에야스만이 준비된 지도자로 여겨졌기 때문입니다. 도쿠가와 이에야스는 오다 노부나가 시절부터 2인자로서의 위치를 꾸준히 지켜 온 사람입니다. 무려 40년 동안요. 40년 동안 2인자의 자리를 지킨다는 건 40년 동안 나라를 통치하는 것보다 더 어려운 일이죠. 그런 사람이라면 제가 믿고 따라도 된다고 생각했습니다.

이대로 변호사   그럼 증인은 원고를 배신한 게 아니라 새로 섬길 상관으로 피고를 선택한 거로군요. 그 선택에 후회는 없습니까?

가토 기요마사   전혀 없습니다. 저는 일본을 위해서 잘한 일이라 자

변절
절개나 지조를 지키지 않고 바꾸는 것을 말합니다.

주선
일이 잘되도록 여러 가지 방법으로 힘쓰는 것을 가리키는 말입니다.

알선
남의 일이 잘되도록 주선하는 일을 말합니다.

부하고 있어요. ▶도쿠가와 이에야스가 에도 막부를 세운 이후 일본은 발전할 수 있었으니까요.

이대로 변호사　　잘 알겠습니다. 증언을 통해 알 수 있듯이 당시 피고는 원고를 배신했다기보다 일본을 이끌 지도자의 길을 선택했다고 해석해야 옳습니다. 증인인 가토 기요마사가 도요토미 히데요리 대신 피고를 선택했듯이, 피고는 도요토미 히데요리에게 충성을 다하는 대신 스스로 지도자가 되어 새로운 일본을 만들기로 선택한 거죠. 그리고 그 결심은 일본의 발전이라는 결과로 이어졌습니다.

김딴지 변호사　　저도 증인에게 궁금한 것을 묻겠습니다. 증인은 새로이 섬길 지도자로 피고를 선택했고 피고의 양녀와 혼인까지 했습니다. 그런데 왜 피고가 원하지도 않았던 도요토미 히데요리와의 화해를 주선했던 겁니까?

가토 기요마사　　제가 저의 새로운 주군으로 도쿠가와 이에야스를 선택한 것은 분명 잘한 일이었습니다. 하지만 그렇다고 해서 도요토미 히데요리를 죽일 필요는 없다고 생각했습니다. 그래서 두 사람이 화해하기를 바랐던 것이고요.

김딴지 변호사　　증인은 피고와 도요토미 히데요리의 화해를 알선하고 돌아오는 길에 병이 나서 죽었습니다. 그때 나이는 불과 50세였고요. 이를 두고 어떤 사람들은 증인이 피고에게 독살당한 것이라고 얘기합니다. 증인이 도요토미 가문에 대한 충성심을 버리지 않으면서도 현실을

교과서에는

▶ 도쿠가와 이에야스 에도에 막부 정권을 수립한 때부터 일본의 농업과 상공업이 크게 발달하였으며 도시가 성장하여 상인들의 활동이 활발해졌습니다.

위해 피고에게 충성을 맹세했고 피고가 원하지도 않는 도요토미 히데요리와의 화해를 주선했는데, 이 모든 사실을 알고 있었던 피고의 미움을 사서 독살당했다는 거죠.

가토 기요마사　　그건 남 얘기하기 좋아하는 사람들의 추측에 불과합니다. 사실로 밝혀진 것이 아니기에 그에 대해 말할 필요는 없다고 생각합니다.

김딴지 변호사　　하지만 그게 사실이라면 피고는 자신의 뜻에 걸림돌이 되는 사람이라면 적군이든 아군이든 가리지 않고 희생시킬 수

있는 파렴치한 사람이 되는 거죠.

이대로 변호사　이의 있습니다. 지금 원고 측 변호인은 확인되지도 않은 추측으로 피고와 증인 모두를 곤란하게 만들고 있습니다.

판사　인정합니다. 원고 측 변호인은 확인되지 않은 사실에 대한 발언을 자제해 주십시오.

김딴지 변호사　알겠습니다. 다른 질문을 하겠습니다. 증인의 노력에도 불구하고 도요토미 히데요리와 피고의 화해는 이루어지지 않았고 결국 히데요리는 피고에 의해 죽게 되었습니다. 이 일에 대해서는 어떻게 생각하십니까?

가토 기요마사　도요토미 히데요리와 도쿠가와 이에야스 간에 화해가 이루어지기를 바랐던 이유는 두 사람이 화해하고 어느 누구도 희생되지 않는 게 일본을 위한 최선의 길이라고 생각했기 때문입니다. 그리고 도요토미 히데요시에 대한 제 도리이기도 했고요.

　물론 저의 생각과 도쿠가와 이에야스의 생각은 달랐습니다. 하지만 그건 제가 아니라 도쿠가와 이에야스가 결정할 일이었고 그게 저의 뜻과 달라도 어쩔 수 없는 거죠.

김딴지 변호사　제가 지적하고 싶은 부분이 바로 그것입니다. 도리! 아무리 현실적인 이익이 중요해도 사람에게는 도리라는 게 있습니다. 제가 보기에 증인이 도요토미 히데요리의 죽음을 원치 않았던 것은 무사로서의 도리를 지키고 싶었기 때문입니다. 하지만 피고는 그 도리를 지키지 않았습니다. 지킬 수 있는데도 지키지 않은 것은 선택이 아니라 잘못입니다.

가토 기요마사는 무거운 얼굴로 아무런 말을 하지 않았고, 법정은 이상하리만큼 정적에 휩싸였다.

이대로 변호사   원고 측 변호인의 말처럼 무사의 도리는 상당히 중요한 것입니다. 하지만 피고는 무사인 동시에 정치인이었습니다. 나라의 발전과 안정을 위해 노력해야 하는 정치인으로서 피고가 했던 모든 선택은 전혀 부끄럽지 않은 것이었습니다.

김딴지 변호사   그렇지 않습니다. 만약 피고가 일본의 정치적 안정을 위해 노력했다면 왜 막부를 세우고 쇼군이 되어 정치가 안정되었는데도 원고의 아들 도요토미 히데요리를 죽인 걸까요? 게다가 그 과정에서 피고는 특유의 교활함으로 도요토미 히데요리를 속이기까지 했습니다.

이대로 변호사   말씀이 지나치신 거 아닙니까? 특유의 교활함이라니요?

김딴지 변호사   피고는 '너구리 영감'이라는 별명을 갖고 있습니다. 일본에서 너구리는 교활하고 사람 흉내를 잘 내는 동물로 여겨지고 있는데 '너구리 영감'이라는 별명을 얻을 정도면 그 교활함을 모두가 인정한다는 게 아닐까요?

이대로 변호사   뭐라고요?

판사   이곳은 신성한 법정입니다. 상대방을 헐뜯는 발언은 삼가 주세요. 피고가 원고의 아들 도요토미 히데요리를 죽인 것은 이 재판에서 매우 중요한 부분입니다. 원고가 제기한 손해 배상과 관련된 것이니까요. 도요토미 히데요리가 어떻게 죽게 되었는지 그 과정을 살펴봐야 할 것 같습니다.

김딴지 변호사   네, 증인으로 도요토미 히데요리를 신청합니다.

도요토미 히데요시와 얼굴이 닮은 도요토미 히데요리가 증인석에 올라 선서했다.

김딴지 변호사   증인은 원고인 도요토미 히데요시의 아들이죠? 먼저 원고가 죽고 난 후의 상황에 대해 말씀해 주시겠습니까?

도요토미 히데요리   아버지가 돌아가셨을 때 저는 여섯 살밖에 되지 않았기 때문에 제 대신 아버지가 임명하신 다섯 명의 다이묘가 정치를 하게 되어 있었습니다. 그들은 제가 클 때까지 정치를 하며 저를 보호하다가 제가 성인이 되면 물러나기로 되어 있었지요. 그들 중 한 명이 도쿠가와 이에야스였습니다.

도요토미 히데요시를 모신 신사입니다.

하지만 아버지가 돌아가신 후 얼마 지나지 않아 다섯 명의 다이묘는 친히데요시 파와 반히데요시 파로 나뉘어 싸우게 되었습니다. 그런 분위기를 주도한 것은 도쿠가와 이에야스였지요. 도쿠가와 이에야스는 많은 무사들이 아버지를 배신하고 자기편이 되게끔 혼인 관계를 맺어 끌어들였고, 세키가하라 전투에서 승리하면서 결국 주도권을 잡았습니다. 세키가하라 전투가 끝나고 3년 뒤에는 쇼군 자리에 오르며 에도 막부를 세웠고요.

김딴지 변호사　　그럼 모든 무사들이 피고에게 충성을 맹세하고 따르게 되었겠군요.

도요토미 히데요리　　겉으로는 그렇게 했습니다. 아무래도 도쿠가와 이에야스가 최고 권력자였으니까요. 하지만 실상은 달랐습니다. 다이묘들 가운데 상당수는 여전히 아버지에 대한 충성심을 버리지 않고 있었고 그들은 **암암리**에 저에게 충성을 맹세하고 저를 보호해 주었습니다. 그리고 그 사실은 도쿠가와 이에야스도 잘 알고 있었어요. 바로 그 때문에 도쿠가와 이에야스가 쇼군이 되고 나서도 저를 죽이지 못했습니다. 그는 제게 아버지가 지으신 오사카 성에 살 수 있게 해 주었고 그 주변 땅도 저에게 주었어요. 그리고 저를 자신의 손녀와 결혼시켜 손녀사위로 삼았습니다.

김딴지 변호사　　원고에게 충성을 맹세했던 다이묘들을 회유해서 자신을 따르게 하려는 술책이었군요. 하지만 그 다이묘들이 늙거나 죽게 되면 더 이상 증인을 지켜 줄 수 없었을 텐데요?

도요토미 히데요리　　맞습니다. 도쿠가와 이에야스도 바로 그 순간을 기다렸습니다. 제가 18세가 되던 1611년에 아버지에게 충성을 맹세했던 마지막 다이묘가 세상을 떠나자 도쿠가와 이에야스는 저를 죽일 기회를 찾았습니다. 그러다가 생각해 낸 것이 절을 짓는 것이었죠.

　　도쿠가와 이에야스가 저를 경계했던 이유 중 하나는 아버지가 제게 물려주신 막대한 재산이었습니다. 그 재산이 저에게 있는 한 제

암암리
남이 모르는 사이를 뜻합니다.

가 언제든 무사들을 불러 모아 자신에게 대항할 수 있다고 생각했던 거죠. 이에 도쿠가와 이에야스는 아버지의 넋을 기리기 위해 절을 세워 보라고 제안했습니다.

기원
바라는 일이 이루어지기를 빈다는 뜻입니다.

김딴지 변호사　　절을 짓게 하여 돈을 쓰게 할 생각이었군요.

도요토미 히데요리　　그랬습니다. 도쿠가와 이에야스는 제가 아버지를 추모할 수 있게 해 주겠다며 선심을 쓰듯 저에게 절을 지어도 좋다고 제안했지만 실은 제 재산을 없애는 게 목적이었습니다.

　당시 저희 집안과 관련된 절은 전국 시대를 거치면서 많이 파괴된 상태였기에 저는 도쿠가와 이에야스의 제안을 받아들여 절을 짓는 데 온 힘을 쏟았습니다. 하지만 결국 그 사업 도중 도쿠가와 이에야스는 저를 없앨 구실을 찾게 되었죠.

김딴지 변호사　　어떻게 증인을 죽일 구실을 찾을 수 있었죠?

도요토미 히데요리　　아시다시피 아시아 지역의 절에서는 종 표면이나 안쪽에 글씨를 새겨 넣습니다. 종소리가 퍼지면서 종에 새겨 넣은 기원도 널리 퍼져 나가기를 희망하는 거죠.

　그런데 종에 새긴 글귀가 문제가 되었습니다. "국가는 편안하고, 군주와 신하는 풍요롭고 즐거우며, 자손은 번창하길 기원합니다"라는 문장이 있었는데, 도쿠가와는 이 문장이 자신에 대한 반역이라며 저를 죽이고자 했습니다.

김딴지 변호사　　대체 그 글귀의 어느 부분이 문제가 되었는지 이해가 안 되는군요.

도요토미 히데요리　　'도요토미'라는 성은 한자로 '풍신(豊臣)'이고

해자
적의 침입을 막기 위해 성 밖을 둘러 파서 못으로 만든 곳을 가리킵니다.

매립
우묵한 땅이나 하천, 바다 등을 돌이나 흙 따위로 채우는 것입니다.

'이에야스'라는 이름은 한자로 '가강(家康)'입니다. 이 한자에서 '가(家)'와 '강(康)' 사이에 '안(安)' 자를 넣은 것은 '가강'이라는 자신의 이름을 저주하기 위한 것이고 '풍(豊)'과 '신(臣)'은 도요토미 가문을 상징한다고 해석했습니다. 즉, 종에 새겨진 글귀를 '이에야스를 분단하면 국가가 평안하고 도요토미를 임금으로 삼으면 자손이 번창한다'로 해석한 겁니다.

김딴지 변호사　너무 억지스러운 해석 아닌가요?

도요토미 히데요리　물론 말도 안 되는 얘기죠. 하지만 처음부터 저를 죽이기 위해 꼬투리를 잡으려 했던 도쿠가와는 그 문구를 트집 잡으며 직접 군사를 몰고 제가 있는 오사카 성을 공격했습니다.

　처음에 도쿠가와 이에야스는 저를 쉽게 무너뜨릴 수 있다고 생각했던 것 같습니다. 하지만 저희 군대의 저항이 만만치 않았고 오사카 성의 수비력은 도쿠가와가 생각했던 것보다 뛰어났습니다.

김딴지 변호사　오사카 성이라면 이중 해자로 유명한 곳 아닙니까?

도요토미 히데요리　네. 아무리 천하의 도쿠가와 이에야스라 해도 이중 해자를 건너 오사카 성안으로 들어오는 것은 무리였지요. 그러자 도쿠가와 이에야스는 강화를 맺고 싸움을 끝내자고 제안해 왔고 저도 그에 합의했어요.

　그런데 도쿠가와 이에야스가 강화의 조건으로 내건 것은 이중 해자 중 바깥쪽 해자를 매립해 달라는 것이었습니다. 저는 썩 내키지는 않았지만 어차피 안쪽에 해자가 하나 더 있기 때문에 도쿠가와를

믿고 강화 조건을 받아들였습니다.

그런데 도쿠가와 이에야스는 교활하게도 바깥쪽 해자를 막는 공사를 하면서 안쪽 해자까지 막아 버렸습니다. 그리고 얼마 후 저에게 오사카 성이 아닌 다른 곳으로 가서 살라고 명령했습니다. 이에 제가 그 명령을 거부하자 다시 오사카 성으로 쳐들어왔고, 해자가 없는 오사카 성은 결국 도쿠가와 이에야스에게 점령당하고 말았습니다. 성이 점령되던 날 저와 어머니는 자살을 선택했죠.

김딴지 변호사   혹시 죽을 당시 증인에게 자식은 있었습니까?

도요토미 히데요리   없었습니다. 그때 저는 22세에 불과했습니다.

김딴지 변호사   그럼 증인이 죽으면서 도요토미 가문은 사라지게 되었군요.

도요토미 히데요리   그렇습니다. 아버지에게 남은 자식은 저 하나였는데 제가 자식도 없이 어머니와 함께 죽었으니 '도요토미'라는 성을 가진 사람은 단 한 명도 남지 않은 셈이죠.

김딴지 변호사　　재판이 진행되면 될수록 피고가 얼마나 잔인하면서도 교활한 사람인지 알게 되는군요.

이대로 변호사　　저도 증인에게 질문하겠습니다. 증인은 비록 아버지가 물려주신 권력자의 자리에서 밀려났지만 다이묘와 무사들 중에는 증인을 따르고 보호해 주는 사람들이 있었는데, 왜 그들이 증인을 따랐다고 생각합니까?

도요토미 히데요리　　아버지에 대한 충성의 맹세, 도쿠가와 이에야스에 대한 실망과 더불어 그를 몰아낼 구심점으로 저를 생각한 게 아니었을까요?

이대로 변호사　　저도 증인과 같은 생각입니다. 당시 증인은 어렸고 강력한 힘을 가지고 있지는 않았지만 증인이 가지고 있는 재력과 아버지로부터 물려받은 보이지 않는 힘의 크기는 분명 에도 막부를 위협할 수 있는 것이었습니다. 즉, 에도 막부에 불만이 많은 사람들이 에도 막부를 무너뜨릴 수 있는 방법으로 제일 먼저 떠올렸던 게 바로 증인일 겁니다.

도요토미 히데요리　　아마 그랬겠죠.

이대로 변호사　　증인에게 또 한 가지 묻겠습니다. 절의 종에 새긴 글귀가 문제가 되어 피고와 전쟁을 할 당시 에도 막부의 쇼군은 누구였습니까?

도요토미 히데요리　　도쿠가와 이에야스의 아들 도쿠가와 히데타다였습니다. 도쿠가와 이에야스는 쇼군이 된 지 2년 만에 아들에게 쇼군 자리를 물려주고 자신은 오고쇼가 되어 뒤에서 정치를 조정했으니까요. 앞에 나서서 문제를 해결하기보다 뒤에서 꼼수를 부리는 걸 좋아하더니 결국 정치도 그런 식으로 하더군요.

이대로 변호사　　그렇게 생각할 수도 있습니다. 하지만 피고의 본심은 아들을 지켜 주기 위한 것이었다고 생각합니다. 만약 피고가 죽고 나서 아들이 쇼군 자리를 물려받으려 했다면 어떻게 됐을까요? 피고의 정책에 반대하던 사람들은 피고가 권력을 잡는 과정에 문제가 있었다며 아들이 쇼군 자리를 물려받는 것에 이의를 제기했을 것이고 일본은 또 한 차례 혼란을 겪어야 했을지도 모릅니다. 이 모든 것을 생각했던 피고는 자신이 살아 있는 동안 아들에게 쇼군 자리를 물려주어 불안 요소를 제거했습니다. 가장 큰 불안 요소였던 증인을 포함해서요.

　이를 비겁하다고 말하는 사람도 있겠지만 저는 집안과 나라의 안정된 정치를 위한 현명한 방법이었다고 생각합니다. 아들을 위하는 아버지의 마음은 똑같습니다. 원고가 죽기 전에 다섯 다이묘에게 아들에 대한 충성의 맹세를 받은 것이나, 피고가 아들을 위해 정치의 걸림돌이 될 수 있는 도요토미 히데요리를 죽인 것이나 같은 마음에서 나온 것이지요. 도요토미 히데요리에게 했던 피고의 행동을 이런 맥락에서 이해해 주시길 부탁드립니다.

오고쇼
'전 쇼군'이라는 의미입니다.

꼼수
쩨쩨한 수단이나 방법을 뜻하지요.

2

에도 막부는
일본을 발전시켰을까?

김딴지 변호사　피고가 도요토미 히데요리를 죽인 게 피고 측 변호인의 말처럼 아들을 위한 일일 수는 있습니다. 하지만 그 얘기는 정치를 위협할 수 있는 사람이라면 미리 죽여야 할 만큼 에도 막부의 정치가 안정적이지 못했다는 뜻도 됩니다.

피고가 원고와의 약속을 어긴 것이 정치적 안정을 위한 선택이라고 했는데, 무사의 도리와 명예를 팽개치듯 배신하고 세운 에도 막부의 정치가 그렇게 불안정한 것이라면 대체 무엇을 위한 배신이었던 겁니까? 이는 에도 막부의 성립 자체에 문제가 있었다는 것을 스스로 드러낸 것입니다.

이대로 변호사　만약 에도 막부가 피고 개인의 욕심 때문에 세워진 정권이라면 그 정권은 곧 붕괴되었을 것입니다. 하지만 에도 막부는

200년 넘게 유지되었습니다. 새롭게 세워진 정권이 오랫동안 유지되고 발전하는 데에는 다 이유가 있습니다. 바로 시대적 요구죠.

에도 막부 초반에 정치가 흔들렸던 것은 사실입니다. 하지만 모든 정권은 초기에 불안정할 수밖에 없습니다. 에도 막부의 경우도 같은 맥락에서 이해해야 합니다.

김딴지 변호사　　새로운 시대에 새로운 정치가 이루어져야 한다는 말에는 저도 동의합니다. 문제는 그 새로운 정치가 왜 원고에 대한 배신과 도요토미 히데요리의 죽음 등 비정상적이고 위선적인 방법을 통해서만 이루어져야 했나 하는 점입니다. 과연 그렇게 수립된 에도 막부를 제대로 된 권력으로 인정해야 하는지 의심스럽습니다.

이대로 변호사　　에도 막부 정권의 정당성은 성립 과정보다는 결과에서 찾아야 한다고 생각합니다. 실제로 ▶에도 막부가 성립된 이후 일본의 정치는 발전하였고, 그 발전의 밑바탕에는 정치적 안정을 위해 스스로 무사로서의 명예를 버렸다는 소리까지 들어 가며 자신을 희생했던 피고가 있습니다. 만약 피고의 결단과 노력이 없었다면 일본의 정치 발전은 이루어지지 않았을지도 모릅니다.

판사　　그럼 에도 막부 시대에 어떤 정치가 이루어졌는지 알아봐야 할 것 같군요.

이대로 변호사　　에도 막부 시대의 정치적 특징을 설명해 줄 증인으로 피고의 손자이자 에도 막부의 3대 쇼군이었던 도쿠가와 이에미쓰를 신청합니다.

교과서에는

▶ 에도 막부는 무사, 농민, 수공업자, 상인으로 신분을 나누어 백성들을 지배하였습니다. 무사는 지배자로서 특권을 가졌으며, '번'이라 불리는 영지를 가진 무사는 다이묘라 불렸지요. 특히 막부는 다이묘들을 강력하게 억제할 수 있었습니다.

판사　　좋습니다. 증인은 나와서 선서해 주십시오.

　도쿠가와 이에미쓰가 자신감이 배어나는 태도로 증인석에 올라 선서했다.

이대로 변호사　　본인에 대해 간단히 소개해 주십시오.

도쿠가와 이에미쓰　　에도 막부의 3대 쇼군인 도쿠가와 이에미쓰입니다. 저는 쇼군의 권위를 굳건히 하는 데 노력했고 그 결과 에도 막부 체제를 확고히 한 쇼군으로 평가받고 있습니다.

이대로 변호사　　그런 평가를 받는 특별한 이유라도 있습니까?

도쿠가와 이에미쓰　　제가 이전의 쇼군과 다른 점은 크게 두 가지였습니다. 하나는 다이묘들을 제 아래 굴복시켰다는 것입니다. 이전의 다이묘는 상징적인 지위 면에서 분명 쇼군 아래에 있었지만 지역에서의 존재감은 쇼군과 다르지 않았습니다. 쇼군이 중앙의 세력자라면 다이묘는 지방의 세력자로 여겨졌죠. 그래서 쇼군 중에는 다이묘의 눈치를 보는 사람이 많았습니다. 하지만 제가 쇼군이 되면서 쇼군과 다이묘는 분명 다른 존재가 되었습니다. 쇼군이 다이묘를 완전히 통제할 수 있게 된 거죠.

　또 다른 차이점은 천황의 특권이 없어졌다는 겁니다. 이전에도 천황은 힘이 약했지만 나름대로 천황만의 힘도 있었습니다. 천황이 직접 다스리는 지역이 있었을뿐더러 쇼군을 비롯한 관리의 임명이 천황의 권한으로 여겨졌죠. 하지만 저는 천황을 정말로 상징적인 존

반발
어떤 상태나 행동 따위에 대해
거스르고 반항한다는 뜻입니다.

재, 즉 이름만 있을 뿐 하는 일은 정말 아무것도 없는 존재로 만들었습니다. 이 두 가지 정책으로 쇼군의 힘은 그 어느 때보다 세졌고 일본은 안정적인 발전을 이룰 수 있었습니다.

이대로 변호사 분명 반발이 컸을 텐데요, 어떻게 잠재우셨나요?

도쿠가와 이에미쓰 할아버지와 아버지가 쇼군이었을 때만 해도 다이묘의 반발이 거센 편이었죠. 하지만 두 분의 노력으로 그런 다이묘의 힘은 약화되었고 제가 집권했을 때는 우리 집안의 권위를 위협하는 다이묘는 남아 있지 않았습니다. 그랬기에 쇼군의 힘을 강하게 만들 수 있었고 정치적 안정도 가져올 수 있었습니다.

이대로 변호사 이전 시기에 다이묘들의 힘을 약화시킨 것이 정치적 안정으로 이어졌군요.

도쿠가와 이에미쓰 그렇다고 할 수 있습니다. 다이묘의 힘이 약해지면서 에도 막부의 중앙 정치는 안정되었고, ▶쇼군의 강한 힘을 이용하여 저는 에도 막부의 대표 정책인 산킨코타이 제도를 시행할 수 있었습니다.

이대로 변호사 산킨코타이 제도에 대해 설명해 주시겠습니까?

도쿠가와 이에미쓰 산킨코타이는 다이묘를 감시하기 위해 만든 제도입니다. 지방의 다이묘 가족들을 지방이 아닌 수도 에도에 살게 했죠. 그리고 다이묘는 1년씩 자신의 땅과 에도에서 번갈아 가며 살도록 한 게 산킨코타이 제도입니다.

교과서에는

▶ 다이묘들이 근거지인 번과 에도에서 1년마다 교대로 거주하게 한 제도를 말합니다.

자신의 가족이 에도에 머물기 때문에 지방의 다이묘는 함부로 반란을 일으킬 수가 없었습니다. 반란을 일으키게 되면 에도에 있는 가족이 죽게 되니까요. 그리고 1년씩 번갈아 가며 자신의 땅과 에도에 살아야 하기에 자기 지역에서 힘을 키우는 데 한계가 있었지요.

게다가 지방의 다이묘를 감시하기 위해 만든 제도이지만 이 제도 때문에 일본의 상업이 크게 발전할 수 있었습니다. 다이묘들은 1년에 한 번씩 부하들을 이끌고 먼 길을 여행해야 했는데, 그러다 보니 여행로를 따라 숙박 시설이 생기고 시장이 들어서게 되었습니다. 덕분에 일본의 경제력이 급속도로 발전했죠.

이대로 변호사　증인이 쇼군 자리에 오르기 전에 시작된 다이묘들의 정리가 정치적 발전으로 이어졌고, 그 정치적 발전으로 인해 새로 만들어진 제도가 경제적 발전으로까지 이어지게 된 거군요?

도쿠가와 이에미쓰　그렇습니다.

이대로 변호사　증언에서 알 수 있듯이 에도 막부의 성립은 초반에는 불안한 듯 보였지만 결국 일본의 발전으로 이어졌습니다. 새로운 시대는 새로운 정치를 요구합니다. 에도 막부의 성립이 바로 그 새로운 정치의 출발점이었고, 막부가 세워진 지 불과 30년 만인 3대 쇼군에 이르러 그 결실이 맺어졌지요. 그런데도 피고의 에도 막부 성립이 쿠데타라고요? 그건 억지입니다. 피고의 에도 막부 성립은 일본의 새로운 출발점이었습니다.

김딴지 변호사　증인에게 묻겠습니다. 에도 막부의 3대 정책이자 근대 일본의 기틀을 형성한 제도로 평가받는 게 무엇인지 알고 있습니까?

도쿠가와 이에미쓰   잘 알고 있습니다. 첫 번째는 토지 정책으로 에도 막부 시대의 모든 토지 정책은 쌀의 수확량을 기준으로 했다는 점에서 이전의 정책과 달랐습니다.

병농 분리
군사와 농업 또는 병사와 농민을 아울러 이르는 말이 '병농'입니다. 따라서 '병농 분리'란 병사와 농민을 나누었다는 것을 뜻합니다.

두 번째는 **병농 분리** 정책입니다. 이전 막부나 전국 시대에는 전쟁이 나면 농민들이 무사가 되어 전쟁에 참여해야 했습니다. 그러다 보니 문제가 많이 생겼죠. 전국 시대처럼 전쟁이 수시로 발생할 때는 농민들이 농사일에 집중할 수가 없었습니다. 그리고 농민들도 평소 군사 훈련을 받고 무기를 소지하다 보니 농민 반란이 자주 발생했고 그 규모나 피해 또한 컸습니다. 그래서 이를 막고자 에도 막부 때는 농민이 절대 무사가 될 수 없게 했습니다. 무사를 하나의 신분으로 만듦으로써 농민과 무사를 분리했죠.

마지막으로 세 번째는 쇄국 정책입니다. 당시 일본에 들어왔던 서양의 상인들은 일본 경제에 해를 끼치는 경우가 많았기에 일본은 네덜란드를 제외한 다른 서양 국가와는 무역을 하지 않았습니다.

김딴지 변호사   그 정책들을 누가 만들었는지도 알고 있습니까?

도쿠가와 이에미쓰   할아버지인 도쿠가와 이에야스가 만든 것입니다. 할아버지는 에도 막부를 세우면서 그 세 가지 정책을 세우셨고 그것이 에도 막부 시대의 기본 틀이 되었습니다.

도쿠가와 이에미쓰의 답을 예상했다는 듯 김딴지 변호사가 씩 웃어 보였다.

김딴지 변호사　　잘못 알고 계십니다. 피고가 만든 것으로 알려진 그 정책들은 사실 이전 시기에 있던 제도를 살짝 변형해서 이름만 바꾼 것에 불과합니다. 첫 번째 토지 제도는 원고가 만든 제도를 확대 적용한 것이고요, 두 번째 병농 분리 정책 역시 원고가 시작한 **가타나가리** 제도를 계승한 것입니다.

　제가 이 말씀을 드리는 것은 증인이 잘못 알고 있음을 지적하기 위해서가 아닙니다. 증인을 비롯한 많은 사람들이 피고가 에도 막부를 세웠고 에도 막부에서 새로운 정책을 잘 시행했기에 일본이 발전했다고 이야기합니다. 하지만 피고가 새롭게 만들었다는 제도는 사실 이전에 원고가 만든 제도를 확대, 변형하거나 계승한 것들에 불과합니다. 그 얘기는 꼭 에도 막부가 아니어도 일본은 발전할 수 있었다는 것을 뜻합니다.

　원고의 아들인 도요토미 히데요리가 정치를 했어도 일본의 발전은 이루어졌을 겁니다. 당시 일본의 발전은 전국 시대를 거치면서 성장한 무사 계급의 의식 변화 때문에 가능했던 것이지 피고 한 사람 때문에 가능했던 것이 아니었습니다.

이대로 변호사　　원고 측 변호인의 말에도 일리는 있습니다. 하지만 그것을 나라 전체의 제도로 자리 잡게 하고 일본의 발전으로 이어지게 한 것은 피고였습니다. 원고는 좋은 제도를 만들었을지는 모르지만 제도가 안정적으로 정착되게 할 수는 없었을 것입니다. 도요토미 히데요리가 아버지의 뒤를 이었다고 해서 정책을 잘 수행했으리라는 보장 또한 없고요. 따라서 일본의 발전은 피고가 있었기에 가능했다고 생각합니다.

김딴지 변호사　피고도 그렇게 생각했을까요? 만약 피고가 자신의 능력에 자신감이 있었다면 왜 원고의 아들을 죽이고 원고의 무덤을 파괴했을까요? 피고가 그런 행동을 했던 건 불안했기 때문입니다. 자신은 배신자가 되어 쇼군의 자리에 올랐지만 이후 자기 자손들이 쫓겨날까 봐 불안했던 거죠. 그래서 다이묘들을 약화시키고 도요토미 히데요리를 죽였던 것 아닙니까? 그렇게 하고도 불안하여 원고를 전쟁광으로 비하하고 그의 무덤까지 파괴했지요.

도쿠가와 이에미쓰　도요토미 히데요시를 전쟁광으로 묘사한 것은 후대 역사가들의 판단입니다. 물론 할아버지의 영향도 있었겠죠. 할아버지가 도요토미 히데요시를 좋게 말씀하시진 않았을 테니까요.

도요토미 히데요시의 무덤이 망가진 것은 의도적인 게 아니었습니다. 에도 막부가 안정되고 나서 일본은 조선과의 무역을 재개해야 했습니다. 조선과 무역을 해야 선진 문물을 받아들일 수 있었으니까요. 그런데 조선은 임진왜란을 일으킨 도요토미 히데요시에 대한 감정이 굉장히 안 좋았습니다. 그런 상태에서 에도 막부는 도요토미 히데요시를 계승한 정권이 아니라는 것을 보여 줄 필요가 있었죠. 그래서 어쩔 수 없이 무덤을 파괴하게 된 것입니다.

김딴지 변호사　결국 그 과정에서도 명예와 신의보다 현실적인 이익을 앞세우는 피고와 에도 막부의 성격이 잘 드러나는군요. 이유가 어떻든 간에 에도 막부가 원고의 명예를 더럽힌 것은 분명한 사실입니다.

도쿠가와 이에미쓰 　에도 막부를 세운 것은 할아버지께서 하신 최
선의 선택이었습니다. 그 ▶에도 막부는 분명 일본의 발전을 가져왔
고요. 일본의 발전을 위해 무사와 다이묘의 권한을 제한하고 도요토
미 히데요시의 무덤을 파괴한 것은 인정하지만, 그것은 개인적인 욕
심 때문이 아니라 현실적으로 필요한 조치들이었습니다.

김딴지 변호사 　현실적인 이익을 위해서라면 한 사람의 명예와 무
덤은 아무렇지 않게 파괴해도 좋다는 말씀이십니까? 무사로서의 명
예와 신의를 지키는 것보다 이익을 위해 배신을 선택한 게 옳다는
것인가요?

도쿠가와 이에미쓰 　정치는 현실입니다. 꿈과 이상만으로는 할 수
없어요. 오히려 개인의 명예 때문에 그러한 선택을 피했다면 그 피
해는 백성들이 모두 떠안았을 것입니다.

김딴지 변호사 　정치인에게 현실감은 분명 중요합니다. 그건 무사
에게도 마찬가지죠. 하지만 모든 정치인과 모든 무사가 변하는 현실
에 따라 말과 행동을 바꾼다면 어떻게 될까요? 상황에 따라 바뀌기
때문에 아무도 믿을 수 없다면 정치는 어떻게 될까요? 사
람과 사람 사이에서 현실적 이익보다 중요한 것은 믿음입
니다. 서로 간에 믿음이 있다면 좀 더디더라도 결과적으로
는 이익을 가져올 수 있습니다.

　물론 시대에 따라 판단 기준은 달라질 수 있습니다. 하
지만 당시 일본의 무사에게 있어 신뢰와 약속은 목숨보다

교과서에는

▶ 에도 시대에는 농업과 산
업이 크게 발전하여 각지에
서 상품 작물이 재배되었
고, 상공업자들은 동업 조
합을 만들어 이익을 공유하
며 재산을 축적했습니다.

도 중요한 것이었습니다. 그런데 피고는 그 모든 것을 짓밟았죠.

에도 막부에서는 무사를 하나의 사회 계급으로 인정했다고 했는데, 그 정책에 무사들은 찬성했습니까?

도쿠가와 이에미쓰 　모두가 찬성하지는 않았습니다.

김딴지 변호사 　무사 계급이 생기고 그들을 농민보다 우위에 두었는데 왜 무사들 중 반대하는 사람들이 있었나요?

도쿠가와 이에미쓰 　칼의 사용 여부 때문이었습니다. 에도 막부에서는 무사를 사회의 한 계급으로 인정했지만 대신 칼을 함부로 사용하지 못하게 했습니다. 이 때문에 무사들은 반발했고 어떤 무사들은 나라에서 주는 특권을 거부한 채 떠돌이로 지내기도 했습니다.

김딴지 변호사 　제가 지적하고 싶은 부분이 바로 이것입니다. 무사의 본질을 제대로 반영하지 않은 제도의 변화, 이것이 과연 발전인가요? 에도 막부의 여러 제도는 역사적 발전이라기보다는 도쿠가와 집안이 수월하게 통치하기 위해 만든 수단에 불과했습니다.

도쿠가와 이에미쓰 　무사 계급 제도가 무사의 본질을 바꾼 부분이 있을 수 있습니다. 하지만 이를 통해 무사들이 힘을 함부로 사용하는 것을 방지함으로써 일본 정치가 안정될 수 있었고, 이로 인해 가장 큰 혜택을 본 것은 저희 집안이 아니라 일본의 백성들입니다.

한 치의 물러섬도 없는 열기였다. 잠자코 듣고 있던 판사가 크게 숨을 내쉰 뒤 말했다.

판사   마지막 날까지도 팽팽하게 의견이 맞서는군요. 이것으로 신문을 마치고, 잠시 휴식을 취한 뒤 양측의 최후 진술을 듣도록 하겠습니다.

에도 막부 시대의 무사

일본을 대표하는 무사로 많은 사람들이 '사무라이'를 떠올리지만 사무라이가 한 신분 계층을 나타내게 된 것은 에도 막부 시대였습니다. 그 전까지 무사라고 하면 그냥 보디가드 역할을 하는 데 불과했지요.

에도 막부 시대의 무사와 에도 막부 이전의 무사는 여러 가지 측면에서 차이가 많았습니다. 에도 막부 이전의 무사 중 다이묘는 넓은 땅을 가진 지주에 가까웠어요. 땅을 가지고 있다 보니 그 땅을 다른 사람들에게 뺏기지 않기 위해 군대를 양성하고 힘을 키워야만 했습니다.

이런 다이묘가 있었기에 쇼군은 항상 불안했습니다. 언제 다이묘가 자신을 배신할지 알 수 없었으니까요. 실제로 에도 막부 이전에는 다이묘의 공격을 받아 위기에 처한 쇼군도 많았습니다. 전국 시대라는 혼란기도 다이묘가 쇼군에게 위협을 가하면서 시작된 셈이지요.

이와 달리 에도 막부 시대의 무사들은 자신의 땅이 없었고 쇼군이 정해 주는 곳에서만 살 수 있었습니다. 자기 소유의 땅이 없다 보니 땅을 지키기 위해 군사들을 키울 필요도 없었지요. 얼핏 듣기에는 싸울 일이 없으니 편할 것 같지만, 원래 싸우는 게 직업인 무사들에게 싸우지 말라고 하니 무사들의 상실감은 이만저만한 게 아니었지요.

이에 대한 보상으로 에도 막부는 무사를 하나의 신분으로 인정해서 '사무라이'라고 불렀습니다. 사무라이들은 다른 사람들에게 자신을 알리기 위해 항상 칼을 차고 다녔지만 절대 싸우지는 못했습니다. 만약 사무라이가 다른 사람과 싸우게 되면 사무라이 신분을 박탈당했기 때문이죠.

　무사인 사무라이가 항상 칼을 차고 다니면서도 싸우지는 못한다는 것은 앞뒤가 맞지 않는 얘기처럼 들리지만 사실 그 덕분에 에도 막부 시대에는 혼란도 전쟁도 없었어요. 이는 모두 무사에 대한 에도 막부 시대의 특별한 정책 때문이었습니다.

사무라이는 가까이에서 모신다는 뜻에서
나온 말입니다.

다알지 기자

드디어 많은 관심 속에서 진행됐던 이번 재판이 끝났습니다. 마지막 공판에서는 원고인 도요토미 히데요시의 아들 히데요리와 피고인 도쿠가와 이에야스의 손자 이에미쓰가 증언에 나서서 화제가 되었습니다.

도요토미 히데요리는 아버지 도요토미 히데요시가 죽은 뒤 자신이 처했던 상황과 스스로 목숨을 끊어야만 했던 일에 대해 증언했습니다. 도쿠가와 이에미쓰는 에도 막부 덕분에 일본이 발전하고 자신이 선정을 펼칠 수 있었다고 주장했고요. 원고와 피고의 대립이 후손에게까지 이어진 현장이었지요. 그럼 이 두 증인의 이야기를 들어 보겠습니다.

도요토미 히데요리

　도쿠가와 이에야스는 아버지께서 돌아가시자
마자 자신이 한 맹세를 저버리고 권력을 쥐기 위해
온갖 계략을 일삼았습니다. 그리고 마침내 권력자가
된 뒤에도 호시탐탐 저를 노리더니 기어코 야비한 술수로 저를 함정에
빠트렸습니다. 결국 저와 어머니는 죽음을 선택할 수밖에 없었죠. 순
진하게 그의 말을 믿었던 제 자신이 원망스러울 따름입니다.

　하지만 많은 사람들이 이런 사실들을 잊고 그를 영웅으로 떠받들고
있습니다. 저는 이 점이 억울합니다. 도쿠가와 이에야스의 비열한 행
동들을 명백히 밝혀서 역사의 판결을 받게 할 것입니다.

도쿠가와 이에미쓰

　　도요토미 히데요시와 그의 아들은 개인적인 감정에 파묻혀 역사를 바로 보지 못하는 것 같습니다. 할아버지께서 세우신 에도 막부는 일본의 발전에 큰 공헌을 했습니다. 이것은 그 누구도 부정하지 못할 역사적 사실이란 말입니다.

　　물론 그의 집안이 몰락하고 대가 끊긴 것에 대해서는 저도 안타깝게 생각합니다. 하지만 그것은 어디까지나 개인적 차원의 일이지 이렇게 역사적 차원에서 다루어질 일이 아니라고 생각합니다. 더군다나 감정에 치우쳐 할아버지의 공헌을 깎아내리고 부정하려 하다니요. 진짜 무사의 도리를 모르는 것은 원고 측이라고 생각합니다.

도쿠가와 이에야스는 무사의 명예를 저버렸소
VS
일본의 발전을 위한 최선의 선택이었습니다

판사　원고와 피고의 최후 진술을 듣겠습니다. 의견 대립이 컸던 만큼 신중하게 발언해 주시기 바랍니다. 원고부터 시작해 주시죠.

도요토미 히데요시　제가 오다 노부나가를 만나 무사가 되어 가장 먼저 배운 것은 무사로서의 도리였습니다. 예의와 도리, 충성과 믿음이야말로 무사를 무사답게 만드는 힘이자 생명이지요.

　하지만 도쿠가와 이에야스는 제가 죽자 저와의 약속과 충성, 무사들 간의 예의와 도리, 이 모든 것을 버렸습니다. 비열한 방법으로 제 아들까지 죽게 했습니다.

　또한 제가 만든 정책을 이어받았으면서도 마치 자신이 제도를 만든 것처럼 꾸며 자신의 능력을 과대 포장하였습니다. 그렇게 과장된 도쿠가와 이에야스의 능력은 에도 막부를 거치면서 그의 후손들에 의해 더욱 부풀려져서, 지금까지도 많은 사람들이 도쿠가와 이에야스를 훌륭한 정치가이자 일본을 발전시킨 사람으로 알고 있습니다.

반면 저희 집안은 도쿠가와 이에야스 때문에 대가 끊겨 저의 억울함을 밝혀 줄 사람이 남아 있지 않습니다. 그 결과 저에 대한 평가는 축소되었고 제 아들의 억울한 죽음은 제대로 알려지지도 않았습니다. 이로써 제 명예가 손상되었으며 실질적인 피해 또한 큽니다.

이에 저는 이 재판을 통해 제 명예가 회복되고 제 아들의 억울한 죽음에 대한 손해 배상이 이루어지기를 희망합니다. 공정한 판결로 저의 억울함을 풀어 주시리라고 기대합니다.

판사 　잘 들었습니다. 다음으로 피고의 최후 진술을 듣겠습니다.

도쿠가와 이에야스 　저는 무사 집안에서 태어나 무사로 한평생을 살았기에 무사로서의 도리는 도요토미 히데요시보다 더 많이 배우고 느꼈다고 자부합니다. 그런데 일본의 무사에게는 다른 나라의 무사와는 달리 추가적인 능력이 하나 더 필요합니다. 바로 정치적 능력이지요. 일본은 무려 800년 가까운 세월 동안 무사들이 정치를 담당했습니다. 즉, 일본에서 무사로 산다는 것은 무사임과 동시에 정치인이어야 한다는 것이죠. 아무리 무사로서 예의와 도리를 갖추었다고 해도 정치적 능력이 없다면 그 피해는 고스란히 백성들에게 돌아갈 뿐입니다.

저는 능력 있는 무사였고 언제든 그 능력을 발휘할 기회를 기다렸습니다. 그 기회는 2인자 생활 40년 만에 찾아왔지요. 도요토미 히데요시는 죽으면서 자기 아들에게 모든 걸 넘겼고 많은 무사들에게 충

성을 약속받았지만, 무사들이 그 약속을 지키지 않을 건 불 보듯 뻔한 일이었습니다. 그런 어린아이가 일본을 통치한다면 분명 일본은 더 큰 혼란에 빠질 것이었으니까요.

저는 도요토미 히데요시를 배신한 게 아닙니다. 일본을 위한 결단이었지요. 그리고 제 선택이 옳았다는 건 일본의 발전을 통해 알 수 있습니다. 이 재판의 결과가 제 노력의 가치를 깎아내리지 않는 쪽으로 나오기를 희망합니다.

판사 　원고와 피고의 진심이 담긴 최후 진술을 잘 들었습니다. 이번 재판은 한 나라의 중대한 역사에 대한 내용이니만큼 그 어느 때보다 신중한 판결이 필요할 것입니다.

판결문은 4주 후에 공개할 예정입니다. 양측 변호인과 배심원 여러분, 방청객들 모두 수고 많으셨습니다. 일본의 역사적 배경까지 설명해 주신 증인들께도 이 자리를 빌려 감사의 말씀을 드립니다.

땅, 땅, 땅!

역사공화국 세계사법정 재판 번호 31 도요토미 히데요시 VS 도쿠가와 이에야스

주문

역사공화국 세계사법정은 원고 도요토미 히데요시가 피고 도쿠가와 이에야스를 상대로 제기한 명예 훼손죄와 피해 보상 청구 중 명예 훼손죄는 기각하고 피해 보상 청구는 인정한다.

판결 이유

이번 재판에서는 무사로서의 도리와 명예, 현실적 요구와 이익 사이의 문제와 일본의 정치적 변화라는 시대적 상황이 맞물렸다. 또한 원고와 피고의 개인적 원한 관계까지 얽혀 마지막까지 양측의 주장이 서로 좁혀지지 않았다.

그러나 어떤 상황과 이유에서든 피고가 원고의 아들 도요토미 히데요리에게 터무니없는 트집을 잡고 거짓말로 속여 죽게 만든 것은 정당하다고 볼 수 없다. 게다가 그로 인해 도요토미 가문의 대가 끊긴 것은 피고의 권력 남용으로 인한 원고 가문의 손해가 명백하다. 이에 피고에 대한 원고의 피해 보상 청구를 인정한다.

다만 에도 막부 성립에 문제가 있다고 제기한 원고의 요구는 받아들이기 힘들다. 일본 정치의 변화 과정을 살펴봤을 때 일본 막부의 변화는 다른 나라의 왕조 교체와는 다른 성격을 띠고 있고 그 과정에서 전쟁과 희생이 발생하는 것은 불가피한 일이었을 것이다. 그러므로 원고의 가문을 비롯해 다른 정적들을 물리치고 에도 막부를 세운 피고의 행동이 잘못되었다고 판단할 수는 없다.

또한 에도 막부에서 원고의 업적을 축소했다는 사실을 입증하지 못했기 때문에 에도 막부의 성립을 두고 원고가 제기한 명예 훼손죄를 적용하기는 어렵다고 판단하는 바다.

이번 재판은 원고와 피고의 관계를 통해 그간 잘 알지 못했던 두 무사의 업적과 일본의 역사에 대한 문제를 다루는 데 목적이 있었다. 그 결과 지금까지 잘 알려지지 않았던 일본의 전국 시대와 에도 막부의 성립 과정이 자세히 소개되었고 그 과정에서 잊혀질 뻔했던 수많은 무사들도 재조명될 수 있었다.

갈등과 다툼, 그 속에서 일어나는 변화는 어느 나라에나 있는 일이지만 그 변화의 과정을 정확히 이해할 때 그 나라의 역사와 문화를 제대로 바라볼 수 있다. 이번 재판이 그러한 균형 잡힌 시각을 키우는 계기가 되기를 바라며 본 판결을 마무리하겠다.

역사공화국 세계사법정 담당 판사 공정한

"잘못된 역사는 바로잡아야 합니다"

무더위가 찾아오는가 싶더니 이내 장대 같은 비가 내리는 변덕스러운 날씨가 반복되었다. 아침만 해도 해가 쨍쨍하여 우산도 없이 나온 김딴지 변호사는 갑작스레 내리는 비를 쫄딱 맞고 사무실로 돌아왔다. 그런데 빈 사무실에 손님이 기다리고 있었다.

"김 변호사! 오랜만입니다."

오다 노부나가가 주인도 없는 사무실에 앉아 차를 마시고 있었다.

"연락도 없이 웬일이십니까? 미리 전화라도 주시죠."

"아시다시피 제가 성격이 급하지 않습니까? 생각났을 때 바로 찾아와야 일이 빠르게 진행되지요."

"그럼 절 찾아오신 이유가……."

"돌리지 않고 말씀드리겠습니다. 제 재판의 변호를 맡아 주십시오."

"네? 재판이오?"

"네, 제가 지금 재판을 준비하고 있습니다."

"어떤 내용의 소송인지 처음부터 차근차근 말씀해 주시죠."

김딴지 변호사는 필기도구를 챙겨 오다 노부나가 앞에 앉았다.

"지난번에 증인으로 법정에 섰을 때만 해도 전 자신의 일을 재판에 맡긴다는 게 남자답지 못하다고 생각했습니다. 그래서 증인으로 서면서도 기분이 썩 유쾌하지는 않았죠. 그런데 재판을 지켜보며 억울한 생각이 들었습니다."

"어떤 억울함을 느끼신 건가요?"

"제가 일본에서는 꽤 유명한 사람인 거 알고 계시죠? 그런데 이번에 새롭게 알게 된 사실은 제가 다른 나라에서는 이름조차 낯선 사람이라는 겁니다. 이게 말이 됩니까? 저는 누가 뭐래도 한 시대를 대표하는 무사이고 리더십과 전투 능력, 전략과 전술, 업적 등 그 어떤 분야에서도 일본의 무사들 가운데 최고라고 자부합니다. 그런데 그 사실을 일본 사람 외에는 잘 모르고 있더라고요. 가까운 한국에서조차 역사 교과서에서 제 이름을 찾기 힘들더군요. 저는 저의 가치가 그것밖에 되지 않는다고 생각하지 않습니다. 이를 바로잡고 싶습니다."

김딴지 변호사는 영문을 모르겠다는 표정으로 말했다.

"그럼 한국의 교과서 편집자들을 상대로 소송이라도 하시겠다는 건가요?"

"그렇게까지는 생각하지 않았습니다. 다만 이러한 역사 기술은 문제가 있다고 생각합니다. 더구나 저에 대해 잘못 서술된 책이 많

은데 이는 반드시 수정해야 합니다.”

　“구체적으로 어떤 점을 말씀하시는 것인가요?”

　“전국 시대의 모든 무사들이 지금의 가치관으로 봤을 때 비도덕적인 행동을 했음에도 불구하고 마치 저만 나쁜 일을 했던 것처럼 취급하는 것이 문제입니다. 제 업적은 제대로 서술하지도 않고 말이죠. 심지어 어떤 책에는 아케치 미쓰히데가 절 죽인 일이 일본을 위해 잘한 일인 양 묘사되어 있기도 하고요. 이는 엄연한 역사 왜곡입니다.”

"듣고 보니 꼭 해야 할 일인 것 같군요."

"그럼 제 소송을 맡아 주시는 겁니까?"

"성급히 결정할 일은 아니니 시간을 두고 생각해 보겠습니다."

"저는 꼭 김 변호사가 맡아 주셨으면 좋겠습니다."

"긍정적으로 검토해 보겠습니다."

"감사합니다. 그럼 생각해 보시고 연락 주십시오."

오다 노부나가는 사무실을 찾아왔을 때와 마찬가지로 발 빠르게 사무실을 나갔다. 도요토미 히데요시와 도쿠가와 이에야스의 재판을 하며 심신이 지친 터라 당분간 쉬고 싶었는데 금세 의뢰가 들어오다니……. 김딴지 변호사는 갈등이 생겼다. 하지만 한 손으로는 벌써 관련 책을 들춰 보고 있었다.

역사의 흔적, 오사카 성

임진왜란을 일으켜 조선을 고통에 빠지게 한 일본의 무장 도요토미 히데요시는 우리나라와는 악연이라 하겠지만, 일본에서는 역사의 한 획을 그은 인물이랍니다. 무사들이 군웅할거 하던 시기를 평정하고 전국을 통일했기 때문이지요.

그가 일본을 통일하고 나서 자신의 업적을 알리기 위해 지은 건물이 오사카 성입니다. 오사카 성은 히메지 성, 구마모토 성과 함께 일본의 3대 성으로 알려져 있으며, 1400년간 이어져 온 오사카의 역사를 대변하고 있습니다. 1585년에 지어졌는데, 당시 검은 옻칠을 한 판자와 금박 기와, 금장식을 붙인 호화로운 망루형 천수각이 5층 8단으로 완성되었답니다. 이렇게 화려하게 만든 것은 일본을 통일하고 천하를 얻고자 했던 도요토미 히데요시의 심중이 반영된 것이기도 합니다.

하지만 이 성은 1615년에 에도 막부가 도요토미 가를 쓰러뜨리기 위해 벌인 전쟁에서 불타 버렸고, 그 후 에도 막부의 도쿠가와 히데타다가 오사카 성 자리에 석벽을 쌓아 올려 성을 새롭게 구축하게 됩니다. 그러나 이 역시 1665년에 소실되고, 1931년에 도요토미 히데요시가 축성한 오사카 성의 천수각을 본떠 다시 세워졌다고 하지요. 현재 우리가 보는 오사카 성은 이때 세워진 것이라고 합니다.

오사카 성은 도요토미 히데요시에 의해 처음 만들어졌던 것인 만큼 그의 가문과도 깊은 관계가 있습니다. 도요토미 히데요시의 아들인 도요토미 히데요리가 그의 어머니와 함께 살던 곳이기도 하고, 또 도쿠가와 이에야스의 공격을 받아 죽음을 맞이한 곳이기도 하기 때문이지요. 사실 오사카 성은 해자가 이중으로 되어 있어 공격하기 쉬운 성이 아니었다고 합니다. 하지만 도쿠가와 이에야스가 강화의 조건으로 해자 하나를 매립하기를 요구했고, 히데요리가 이 요구를 들어주자 해자를 메운 뒤 성을 공격했다고 전해지지요.

오사카 성 해자

오사카 성

『역사공화국 세계사법정 31 왜 에도 막부가 시작되었을까?』와 관련한 논술 문제를 풀어 봅시다.

※ 다음 그림과 제시문을 보고 물음에 답하시오.

(가)
울지 않는 두견새는 죽여 버리겠다.
－오다 노부나가

(나)
울지 않는 두견새는 울게 해 보이겠다.
－도요토미 히데요시

(다)
울지 않으면 울 때까지 기다리겠다.
－도쿠가와 이에야스

1. (가)~(다)는 '울지 않는 두견새를 어떻게 할 것인가'라는 물음에 대한 오다 노부나가, 도요토미 히데요시, 도쿠가와 이에야스의 대답으로 마스우라 기요시가 쓴 수필에 수록된 내용입니다. (가)~(다) 중 자신이 동의하는 생각을 하나만 골라 그 이유와 함께 쓰시오.

※ 다음 그림과 제시문을 보고 물음에 답하시오.

(가) 조선에서는 양반이 관리가 되었습니다. 양반은 유교 경전을 공
부하고 관리가 되어 최고의 지위를 누렸지요. 농업이나 상공업
과 같은 생산적인 일에는 종사하지 않았습니다.

(나) 일본에서는 무사들의 세력이 점점 중요하게 되었습니다. 다이
묘들이 토지를 가지고 농민들을 지배할 때 무사들이 필요하였
기 때문입니다. 무사들은 전쟁 기술을 익히고 수련을 하며 다이
묘에게 충성을 바쳤습니다.

조선의 양반

일본의 무사

2. (가)는 조선의 양반에 대한 설명이고, (나)는 일본의 무사에 대한 설명입니다. (가)와 (나)의 공통점과 차이점에 대해 쓰시오.

_____

_____

_____

_____

_____

_____

_____

_____

_____

_____

왜 에도 막부가 시작되었을까?

해답 1 (다)의 도쿠가와 이에야스의 생각이 제 생각과 가장 비슷합니다. 일본인들은 도쿠가와 이에야스를 '인내의 신'이라고 부른다고 합니다. 평생 기회를 보면서 자신이 나설 때를 생각하며 참은 그의 일생이 '울지 않으면 올 때까지 기다리겠다'는 말에 잘 나타나있지요. 때로는 답답해 보일 수도 있지만 참고 기다리는 것이 중요하다고 생각하기 때문에 도쿠가와 이에야스의 생각을 선택하였습니다.

해답 2 (가)의 양반은 중앙 집권 체제가 유지된 조선에서의 개념이고, (나)의 무사는 봉건 시대로 접어든 일본에서의 개념입니다. 왕이 권력을 쥐고 관리를 선발하여 다스렸던 조선과 달리 일본의 봉건 시대는 지방의 다이묘들이 각자 자신의 영역을 지배하는 형태였다는 차이점이 있지요. 하지만 이들 양반과 무사 모두 특권과 지위를 누리는 계층이었다는 점에서 공통점이 있습니다. 지배 세력을 형성하였던 것이지요.

찾아보기

왜 에도 막부가 시작되었을까?

역사공화국 세계사법정 31

왜 에도 막부가 시작되었을까?

© 박은화, 2013

초판 1쇄 발행 2013년 10월 10일
초판 3쇄 발행 2021년 6월 18일

지은이   박은화
그린이   황기홍
펴낸이   정은영

펴낸곳   (주)자음과모음
출판등록   2001년 11월 28일 제2001-000259호
주소   04047 서울시 마포구 양화로6길 49
전화   편집부 (02) 324-2347 경영지원부 (02) 325-6047
팩스   편집부 (02) 324-2348 경영지원부 (02) 2648-1311
이메일   jamoteen@jamobook.com

ISBN 978-89-544-2431-8 (44900)